JORGE BUCAY

El camino de las lágrimas

Jorge Bucay es un psicoterapeuta, psicodramatista y escritor, nacido en Argentina en 1949. Sus libros han sido traducidos a más de diecisiete idiomas y han vendido más de 2 millones de ejemplares en todo el mundo. Entre sus títulos se encuentran *Cartas para Claudia* (2007), *El camino de la autodependencia* (2000), y *El candidato*, por el que fue galardonado con el Premio Novela Ciudad de Torrevieja en el año 2006.

También de Jorge Bucay en Vintage Español

Déjame que te cuente

El camino de las lágrimas

Reflexiones sobre el dolor y la pérdida

JORGE BUCAY

VINTAGE ESPAÑOL
Una división de Penguin Random House LLC
Nueva York

*A Moussy,
a Susana,
a Jay,
a Bachi,
cuyas ausencias me enseñaron
el camino de las lágrimas.*

ÍNDICE

Hojas de Ruta

Seguramente hay un rumbo
posiblemente
y de muchas *maneras*
personal y único.

Posiblemente haya un rumbo
seguramente
y de muchas *maneras*
el mismo para todos.

Hay un rumbo seguro
y de alguna manera posible.

De *manera* que habrá que encontrar ese rumbo y empezar a recorrerlo. Y *posiblemente* habrá que arrancar solo y sorprenderse al encontrar, más adelante en el camino, a todos los que *seguramente* van en la misma dirección.

Este rumbo último, solitario, personal y definitivo, sería bueno no olvidarlo, es nuestro puente hacia los demás, el único punto de conexión que nos une irremediablemente al mundo de lo que es.

Llamemos al destino final como cada uno quiera: felicidad, autorrealización, elevación, iluminación, darse cuenta, paz, éxito, cima, o simplemente final... lo mismo da. Todos sabemos que arribar con bien allí es nuestro desafío.

Habrá quienes se pierdan en el trayecto y se condenen a llegar un poco tarde y habrá también quienes encuentren un atajo y se transformen en expertos guías para los demás.

Algunos de estos guías me han enseñado que hay muchas formas de llegar, infinitos accesos, miles de maneras, decenas de rutas que nos llevan por el rumbo correcto. Caminos que transitaremos uno por uno. Sin embargo, hay algunos caminos que forman parte de todas las rutas trazadas.

Caminos que no se pueden esquivar.

Caminos que habrá que recorrer si uno pretende seguir.

Caminos donde aprenderemos lo que es imprescindible saber para acceder al último tramo.

Para mí estos caminos inevitables son cuatro:

El primero, el camino de la aceptación definitiva de la responsabilidad sobre la propia vida, que yo llamo
El camino de la Autodependencia

El segundo, el camino del descubrimiento del otro, del amor y del sexo, que llamo
El camino del Encuentro

El tercero, el camino de las pérdidas y de los duelos, que llamo
El camino de las Lágrimas

El cuarto, el camino de la completud y de la búsqueda del sentido, que llamo
El camino de la Felicidad.

A lo largo de mi propio viaje he vivido consultando los apuntes que otros dejaron de sus viajes y he usado parte de mi tiempo en trazar mis propios mapas del recorrido.

Mis mapas de estos cuatro caminos se constituyeron en estos años en hojas de ruta que me ayudaron a retomar el rumbo cada vez que me perdía.

Quizás estas *Hojas de Ruta* puedan servir a algunos de los que, como yo, suelen perder el rumbo, y quizás, también, a aquellos que sean capaces de encontrar atajos. De todas maneras, el mapa nunca es el territorio y habrá que ir corrigiendo el recorrido cada vez que nuestra propia experiencia encuentre un error del cartógrafo. Sólo así llegaremos a la cima.

Ojalá nos encontremos allí.
Querrá decir que ustedes han llegado.
Querrá decir que lo conseguí también yo...

La alegoría del carruaje III

Mirando hacia la derecha me sobresalta un movimiento brusco del carruaje.

Miro el camino y me doy cuenta de que estamos transitando por la banquina.

Le grito al cochero que tenga cuidado y él inmediatamente retoma la senda.

No entiendo cómo se ha distraído tanto como para no notar que dejaba la huella.

Quizás se esté poniendo viejo.

Giro mi cabeza hacia la izquierda para hacerle una señal a mi compañero de ruta y dejarle saber que todo está en orden... pero no lo veo.

El sobresalto ahora es intenso, nunca antes nos habíamos perdido en ruta.

Desde que nos encontramos no nos habíamos separado ni por un momento.

Era un pacto sin palabras.

Nos deteníamos si el otro se detenía.

Acelerábamos si el otro apuraba el paso.

Tomábamos juntos el desvío si cualquiera de los dos decidía hacerlo...

Y ahora ha desaparecido.

De repente no está a la vista.

Me asomo infructuosamente observando el camino hacia ambos lados.

No hay caso.

Le pregunto al cochero, y me confiesa que desde hace un rato dormitaba en el pescante. Argumenta que, de tanto andar acompañados, muchas veces alguno de los dos cocheros se dormía por un ratito, confiado en que el otro se haría vigía del camino.

Cuántas veces los caballos mismos dejaban de imponer un ritmo propio para cabalgar al que imponían los caballos del carruaje de al lado.

Éramos como dos personas guiadas por un mismo deseo, como dos individuos con un único intelecto, como dos seres habitando en un solo cuerpo.

Y de repente,

la soledad,

el silencio,

el desconcierto...

¿Se habría accidentado mientras yo distraído no miraba?

Quizás los caballos habían tomado el rumbo equivocado aprovechando que ambos cocheros dormían...

Quizás el carruaje se había adelantado sin siquiera notar nuestra ausencia y proseguía su marcha más adelante en el camino.

Me asomo una vez más por la ventanilla y grito:

—¡¡¡Hola!!!

Espero unos segundos y le repito al silencio:

—¡Hooolaaa!

Y aun una vez más:

—¿¿¿Dónde estás???

...

Ninguna respuesta.

¿Debería volver a buscarlo...

sería mejor quedarme y esperar que llegue...

o más bien debería acelerar el paso para volver a encontrarlo más adelante?

Hace mucho tiempo que no me planteaba estas decisiones.

Había decidido allá y entonces dejarme llevar a su lado adonde el camino apuntara.

Pero ahora...

El temor de que estuviera extraviado y la preocupación de que algo le haya pasado van dejando lugar a una emoción diferente.

¿Y si hubiera decidido no seguir conmigo?

Después de un tiempo me doy cuenta de que por mucho que lo espere nunca volverá.

Por lo menos no a este lugar.

La opción es seguir o dejarme morir aquí.

Dejarme morir.

Me tienta esa idea.

Desengancho los caballos y le pido al cochero que se apee.

Los miro: carruaje, cochero, caballos, yo mismo...

Así me siento, dividido, perdido, destrozado.

Mis pensamientos por un lado, mis emociones por otro, mi cuerpo por otro, mi alma, mi espíritu, mi conciencia de mí mismo, allí paralizada.

Levanto la vista y miro el camino hacia adelante.

Desde donde estoy, el paisaje parece un pantano.

Unos metros al frente la tierra se vuelve un lodazal.

Cientos de charcos y barriales me muestran que el sendero
que sigue es peligroso y resbaladizo...
No es la lluvia lo que ha empapado la tierra.
Son las lágrimas de todos los que pasaron antes
por este camino mientras iban llorando una pérdida.
También las mías, creo... pronto mojarán el sendero...

Capítulo i. Empezando el camino

Así empieza el camino de las lágrimas.

Así, conectándonos con lo doloroso.

Porque así es como se entra en este sendero, con este peso, con esta carga.

Y también con una creencia inevitable, aunque siempre engañosa, la supuesta conciencia de que no lo voy a soportar.

Aunque parezca increíble todos pensamos, al comenzar este camino, que es insoportable.

No es culpa nuestra, o por lo menos no es solamente nuestra culpa...

Hemos sido entrenados por los más influyentes de nuestros educadores para creer que somos básicamente incapaces de soportar el dolor de una pérdida, que nadie puede superar la muerte de un ser querido, que moriríamos si la persona amada nos deja y que no podríamos aguantar ni siquiera un momento el sufrimiento extremo de una pérdida importante, porque la tristeza es nefasta y destructiva...

Y nosotros vivimos así, condicionando nuestra vida con estos pensamientos.

Sin embargo, como casi siempre sucede, estas "creencias" aprendidas y transmitidas con nuestra educación son una compañía peligrosa y actúan la mayoría de las veces como grandes enemigos que empujan a costos mucho mayores que los que supuestamente evitan. En el caso del duelo, por ejemplo, llevarnos al enfermizo destino de extraviarnos de la ruta hacia nuestra liberación definitiva de lo que ya no está.

Hay una historia que dicen que es verídica.
Aparentemente sucedió en algún lugar de África.

Seis mineros trabajaban en un túnel muy profundo extrayendo minerales desde las entrañas de la tierra. De repente un derrumbe los dejó aislados del afuera sellando la salida del túnel. En silencio cada uno miró a los demás. De un vistazo calcularon su situación. Con su experiencia, se dieron cuenta rápidamente de que el gran problema sería el oxígeno. Si hacían todo bien les quedaban unas tres horas de aire, cuando mucho tres horas y media.

Mucha gente de afuera sabría que ellos estaban allí atrapados, pero un derrumbe como este significaría horadar otra vez la mina para llegar a buscarlos, ¿podrían hacerlo antes de que se terminara el aire?

Los expertos mineros decidieron que debían ahorrar todo el oxígeno que pudieran.

Acordaron hacer el menor desgaste físico posible, apagaron las lámparas que llevaban y se tendieron en silencio en el piso.

Enmudecidos por la situación e inmóviles en la oscuridad era difícil calcular el paso del tiempo. Incidentalmente sólo uno de ellos tenía reloj. Hacia él iban todas las preguntas: ¿Cuánto tiempo pasó? ¿Cuánto falta? ¿Y ahora?

El tiempo se estiraba, cada par de minutos parecía una hora, y la desesperación ante cada respuesta agravaba aun más la tensión. El jefe de mineros se dio cuenta de que si seguían así la ansiedad los haría respirar más rápidamente y esto los podía matar. Así que ordenó al que tenía el reloj que solamente él controlara el paso del tiempo. Nadie haría más preguntas, él avisaría a todos cada media hora.

Cumpliendo la orden, el del reloj controlaba su máquina. Y cuando la primera media hora pasó, él dijo "ha pasado media hora". Hubo un murmullo entre ellos y una angustia que se sentía en el aire.

El hombre del reloj se dio cuenta de que a medida que pasaba el tiempo, iba a ser cada vez más terrible comunicarles que el minuto final se acercaba. Sin consultar a nadie decidió que ellos no merecían morirse sufriendo. Así que la próxima vez que les informó la media hora, habían pasado en realidad 45 minutos.

No había manera de notar la diferencia así que nadie siquiera desconfió.

Apoyado en el éxito del engaño la tercera información la dio casi una hora después. Dijo "pasó otra media hora"...Y los cinco creyeron que habían pasado encerrados, en total, una hora y media y todos pensaron en cuán largo se les hacía el tiempo.

Así siguió el del reloj, a cada hora completa les informaba que había pasado media hora.

La cuadrilla apuraba la tarea de rescate, sabían en qué cámara estaban atrapados, y que sería difícil poder llegar antes de cuatro horas.

Llegaron a las cuatro horas y media. Lo más probable era encontrar a los seis mineros muertos.

Encontraron vivos a cinco de ellos.

Solamente uno había muerto de asfixia... el que tenía el reloj.

Ésta es la fuerza que tienen las creencias en nuestras vidas.

Esto es lo que nuestros condicionamientos pueden llegar a hacer de nosotros.

Cada vez que construyamos la certeza de que algo irremediablemente siniestro va a pasar, no sabiendo cómo (o sabiéndolo) nos ocuparemos de producir, de buscar, de disparar o como mínimo de no impedir que algo (aunque sea un poco) de lo terrible y previsto, efectivamente nos pase.

De paso (y como en el cuento) el mecanismo funciona también al revés:

Cuando creemos y confiamos en que de alguna forma se puede seguir adelante, nuestras posibilidades de avanzar se multiplican.

Claro que si la cuadrilla hubiera tardado doce horas, no hubiera habido pensamiento que salvara a los mineros. No digo que la actitud positiva por sí misma sea capaz de conjurar la fatalidad o de evitar las tragedias. Digo que las creencias autodesvalorizantes indudablemente condicionan la manera en la cual cada uno se enfrenta a las dificultades.

El cuento de los mineros debería obligarnos a pensar en esos condicionamientos. Y esto será lo primero que hay que aprender. Es imprescindible empezar por aquí porque uno de los más condicionantes y falsos mitos culturales que aprendimos con nuestra educación es justamente el de que no estamos preparados para el dolor ni para la pérdida.

Repetimos casi sin pensarlo:

"No hubiera podido seguir si perdía aquello".
"No puedo seguir si no tengo esto".
"No podría seguir si no consigo lo otro".

Cuando hablo de los mecanismos generadores de nuestra dependencia, digo siempre que cuando yo tenía algunas horas o días de vida, era claro (aunque yo no lo supiera todavía) que no podía sobrevivir sin mi mamá o por lo menos sin alguien que me diera sus cuidados maternales. Mi mamá era por entonces literalmente imprescindible para mi existencia porque yo no podía vivir sin ella. Después de los tres meses de vida seguramente me hice más consciente de esa necesidad pero descubrí además a mi papá, y empecé a darme cuenta de que verdaderamente no podía vivir sin ellos. Algún tiempo después ya no eran mi papá y mi mamá, era MI familia, la fuente de donde "brotaba" todo lo necesario, amor, compañía, juego, protección, regalos, valoración, consejo...

Mi familia incluía a mucha gente: incluía a mi hermano, algunos tíos y alguno de mis abuelos. Yo los amaba profundamente y sentía, me acuerdo de esto, que no podía vivir sin mi familia.

Después apareció la escuela, y con ella, mis maestros, la señorita Angeloz, el señor Almejún, la señorita Mariano y el señor Fernández, a quienes creí a su tiempo, imprescindibles en mi vida. En la escuela República del Perú conocí también a mi primer amigo, el entrañable "Pocho" Valiente, de quien pensé en aquel momento que nunca, nunca, podría separarme.

Siguieron después mis amigos de colegio secundario, y por supuesto Rosita...

Rosita, mi primera novia, sin la cual, por supuesto, yo SABÍA que no podría vivir.

Y después el grupo de teatro, los amigos del billar, y la universidad, que encarnaba la carrera, el futuro, la profesión; yo pensaba, claro, que no podía vivir sin mi carrera.

Hasta que después de algunas novias también imprescindibles conocí a Perla.

Yo sentí inmediatamente lo que creía no haber sentido nunca antes: que no podía vivir sin ella.

Quizás por eso hicimos una familia sin la cual no sabría cómo vivir.

Y así, despacito y con tiempo, fui sumando ideas, descubriendo más imprescindibles, el hospital, mis pacientes, la docencia, algunos amigos, el trabajo, la seguridad económica, el techo propio y aún después más personas, más situaciones y más hechos sin los cuales ni yo ni nadie en mi lugar podría razonablemente vivir.

Hasta que un día...
Exactamente el 23 de noviembre de 1979.
Sin ninguna razón para que sea ese y no otro el día.
Me di cuenta de que yo no podía vivir sin mí.
Nunca, nunca, me había dado cuenta de esto.
Nunca había notado lo imprescindible que yo era para mí mismo.
¿Estúpido, verdad?

Todo el tiempo sabía yo sin quién no podría vivir, y nunca me había dado cuenta, hasta los treinta años, que sobre todo, no podía vivir sin mí.

Fue interesante desde allí y hasta aquí de todas formas, confirmar cada día que me sería verdaderamente difícil vivir sin algunas de esas otras cosas y personas, pero esto no cambiaba ni un poco el valor del nuevo darme cuenta.

Me sería imposible vivir sin mí.

Entonces empecé a pensar que alguna de las cosas que había conseguido y algunas de las personas sin las cuales creía que no podía vivir, quizás un día no estuvieran. Las personas podían decidir irse, no necesariamente morirse, simplemente no estar en mi vida. Las cosas podían cambiar y las situaciones podían volverse totalmente opuestas a como yo las había conocido. Y empecé a saber que debía aprender a prepararme para pasar por esas pérdidas.

Por supuesto que no es lo mismo que alguien se vaya a que ese alguien se muera. Seguramente no es lo mismo mudarse de una casa peor a una casa mejor, que al revés. Claro que no es lo mismo cambiar un auto todo desvencijado por un auto nuevo, que a la inversa.

Es obvio que la vivencia de pérdida no es la misma en ninguno de estos ejemplos, pero es bueno aclarar desde el comienzo que siempre hay un dolor cuando se deja en el antes algo que era, para entrar en otro lugar donde no hay otra cosa que lo que es. Y esto que es no es lo mismo que era hasta ahora.

Y repito, este cambio sea interno o externo conlleva SIEMPRE un proceso de activa adaptación a lo que tiene de nuevo lo diferente y a lo que tiene de diferente lo nuevo, aunque sea mejor.

Este proceso se conoce con el nombre de "elaboración del duelo" y como ya lo sugiere su nombre es penoso.

Por obvio que parezca yo nunca dejaré de advertirlo a los que empiezan este camino:

Los duelos... duelen.

Y no se puede evitar que duela.

Ciertamente pensar (o darme cuenta) que voy hacia algo mejor que aquello que dejé, es muchas veces un excelente premio consuelo, una pequeña alegría que compensa el dolor que causa lo perdido. Pero atención:

COMPENSA pero no EVITA,

APLACA pero no CANCELA,

ANIMA a seguir pero no ANULA el dolor.

Siempre me acuerdo, el día que dejé mi primer consultorio.

Era un departamentito alquilado, realmente rasposo, de un solo ambiente chiquitito, oscuro, interno, bastante desagradable. Me gustaba bromear, en aquel entonces, diciendo que no me dedicaba al psicoanálisis ortodoxo porque el paciente acostado no entraba en ese consultorio, debía estar sentado.

Un día, cuando empezaron a mejorar mis ingresos, decidí dejar ese departamento para irme a un consultorio más grande, de dos ambientes, mejor ubicado.

Para mí era un salto impresionante, un símbolo de mi crecimiento y una manera de medir que todo empezaba a funcionar en mi profesión.

Y sin embargo, dejar ese lugar, donde yo había empezado, abandonar ese primer consultorio que tuve, me costó muchísimo. Si no hubiera sido por mi hermano Cacho que vino a ayudarme a sacar las cosas, me hubiera quedado sentado, como estaba cuando él llegó, mirando las paredes, mirando los techos, mirando las grietas del baño, mirando el calefón eléctrico... porque no hubiera podido ni empezar a poner las cosas en los canastos.

Y aún cuando Cacho llegó me acuerdo que me dijo:

—¿Qué pasa?
—No, nada... lo estoy haciendo despacito —dije, y mi hermano me dijo:
—Dejate de hinchar, que tengo la camioneta ahí abajo.

Él me había venido a ayudar, y empezó a descolgar los cuadros y a ponerlos en el piso, y yo decía cosas como:

—No, éste dejalo para lo último... —y absurdamente lo volvía a colgar en "su lugar".

Él guardaba cosas en los canastos y yo las sacaba para mirarlas...
Él bajaba en el ascensor para llevar algunos trastos a la camioneta y cuando volvía yo había colgado algún otro cuadro...
Así durante largas horas...
Y todo para poder dejar ese lugar y partir hacia algo mejor, hacia el lugar que había elegido para mi futuro y para mi comodidad...

Lo increíble es que yo lo sabía y lo tenía muy presente, pero esto no evitaba el dolor de pensar en aquello que dejaba.

Las cosas que uno deja, siempre tienen que elaborarse.

Siempre tiene uno que dejar atrás las cosas que quedaron en el ayer.

Lo que quedó atrás en el pasado ya no está aquí, ni siquiera, repito, ni siquiera si sigue estando... (?)

Quiero decir, hace 30 años que estoy casado con mi esposa, yo sé que ella es siempre la misma, tiene el mismo nombre, el mismo apellido, la puedo reconocer, se parece bastante a aquella que era, pero también sé que no es la misma.

Desde muchos ángulos es totalmente otra.

Por supuesto que físicamente hemos cambiado ambos (yo mucho más que ella), pero más allá de eso cuando pienso en aquella Perla que Perla era, de alguna manera se me confronta con ésta que hoy es. Y en las más de las cosas me parece que ésta me gusta mucho más que aquella.

Y digo es fantástica esta Perla si la comparo con la que fue, es maravilloso darse cuenta de cuánto ha crecido, es espectacular; pero esto no quiere decir que yo no haya tenido que hacer un duelo por aquella Perla que ella fue.

Y fíjense que no estoy hablando de la muerte de nadie, ni del abandono de nadie, simplemente estoy hablando de alguien que era de una manera y que es hoy de otra.

Una vez más, que el presente sea aún mejor que el pasado, no significa que yo no tenga que elaborar el duelo.

Así que digo, hay que aprender a recorrer este camino, que es el camino de las pérdidas, hay que aprender a sanar estas heridas que se producen cuando algo cambia, cuando el otro parte, cuando la situación se acaba, cuando ya no tengo aquello que tenía o creía que tenía (porque ni siquiera es importante si verdaderamente lo tenía o no). Un duelo necesario aun para elaborar la pérdida que conlleva la cancelación de un proyecto, el abandono de una ilusión o la certeza irreversible de que nunca tendré lo que esperaba o deseaba tener algún día.

Este recorrido tiene sus reglas, tiene sus pautas. Este camino tiene sus mapas, y conocerlos ayudará seguramente a llegar más entero al final del sendero.

Un científico excepcional que se llamaba Korzybski decía que en realidad TODOS construimos una especie de esquema del mundo en el que habitamos, un "mapa" del territorio en el que vivimos. Pero el mapa, aclara bien Korzybski, no es el territorio.

El mapa es apenas nuestro mapa. Es la idea que nosotros tenemos de cómo es la realidad, aunque muchas veces esté teñida por nuestros prejuicios. De hecho aunque no se corresponda exactamente con los hechos, aunque esté muy lejos de parecerse a la realidad de los demás, es en ÉSE nuestro mapa, donde vivimos.

No vivimos en la realidad
sino en nuestra imagen de ella.

Si en mi mapa tengo registrado que aquí en mi cuarto hay un árbol, aunque no lo haya, aunque nunca haya existido, segura y comprensiblemente yo voy a vivir esquivando este árbol por el resto de mi vida.

Aunque el árbol no esté en el de ustedes y ustedes pasen por ese lugar sin miedos ni registro alguno.

Y cuando me vean esquivar el tronco ustedes me van a decir:

—¿Qué hacés, estás loco?

Desde afuera de mi mapa esta conducta puede parecer estúpida y hasta graciosa, en los hechos, muchas veces puede resultar hasta peligrosa.

Dicen que una vez un borracho caminaba distraído por un campo.

De pronto vio que se le venían encima dos toros, uno era verdadero y el otro imaginario.

El tipo salió corriendo para escapar de ambos, hasta que consiguió llegar a un lugar donde vio dos enormes árboles.

Un árbol era también imaginario pero el otro por suerte era verdadero.

El borracho... borracho como estaba, intentó subirse al árbol imaginario...

Mientras lo intentaba, el toro real agarró al pobre desgraciado.

Y por supuesto... colorín... colorado...

Es decir, depende de cómo haya trazado este mapa de mi vida, depende del lugar que ocupa cada cosa en mi esquema, depende de las creencias que configuran mi ruta, así voy a transitar el proceso de la pérdida. Un camino que empieza cuando sucede o cuando me doy cuenta de una pérdida, y termina cuando esa pérdida ha sido superada.

La utilidad de las lágrimas

No se puede hablar de duelos y de pérdidas desconociendo el pequeño malestar que seguramente va a producirnos hablar sobre estos temas. Me justifico pensando que es un malestar que de alguna manera vale la pena, en el sentido de aprender algunas cosas o revisar algunas otras, para sistematizar lo que, posiblemente, todos sabemos. Dicho de otra forma, yo no creo que algo de lo que escriba acá será extraño o misterioso para los que lo lean. De una o de otra manera todos hemos visto, hemos pasado, hemos sentido o hemos estado cerca de lo que otros sentían en relación a un dolor. Con diferentes estilos y palabras casi todo lo que leas ha sido escrito, dicho o enseñado antes de hoy.

Una de las cosas que he aprendido es que pensar, por ejemplo, en la muerte de un ser querido es una cosa para quien lo ha vivido y otra para quien solamente habla de ello. Una mala noticia para los que leen esto es a la vez una situación afortunada para mí, porque yo al momento de escribir esto no pasé por la muerte de ningún familiar cercano (mis dos padres, con más de ochenta abriles, sobrellevan su vejez con una más que razonable salud psíquica y física).

Por mucho que yo haya leído sobre esto, por mucho que yo haya visto sufrir a otros, por mucho que yo haya acompañado a otros, siento que es casi insolente escribir del tema sin haber pasado por ese lugar sin haberlo padecido personalmente, y esta aclaración es de algún modo una disculpa por animarme a hacerlo. Yo sé que en este punto, el de los duelos, la experiencia de lo vivido y padecido enseña de verdad mucho más, muchísimo más, que todo lo que cualquiera pueda leer.

Pero este libro no habla solo de la muerte de seres queridos. A lo largo de nuestras vidas las pérdidas constituyen un fenómeno mucho más amplio y, para bien o para mal, universal. Perdemos no sólo a través de la muerte sino también siendo abandonados, cambiando, siguiendo adelante. Nuestras pérdidas, como ya dije, incluyen también las renuncias conscientes o inconscientes de nuestros sueños románticos, la cancelación de nuestras esperanzas irrealizables, nuestras ilusiones de libertad, de poder y de seguridad, así como la pérdida de nuestra juventud, aquella irreverente individualidad que se creía para siempre ajena a las arrugas, invulnerable e inmortal.

Pérdidas que al decir de Judith Viorst nos acompañan toda una vida, pérdidas necesarias como ella las llama, pérdidas que aparecerán cuando nos enfrentemos, no sólo con la muerte de alguien querido, no solo con un revés material, no sólo con las partes de nosotros mismos que desaparecieron, sino también cuando transitemos por algunos hechos ineludibles que la autora nos describe como algunas tomas de conciencia inevitables...

Es irremediable aceptar y saludable saber...

- *que por mucho que nos quiera nuestra madre va a dejarnos y nosotros vamos a dejarla a ella;*
- *que el amor de nuestros padres nunca será exclusivamente para nosotros;*
- *que aquello que nos hiere no siempre puede ser remediado con besos;*
- *que tendremos que aceptar el amor mezclado con el odio y lo bueno mezclado con lo malo;*

- *que tu padre (o tu madre) no se casarán contigo ni aunque consiguieras ser como tu familia esperaba que seas (es más, posiblemente ni siquiera aprueben del todo la persona que elegiste para reemplazarlos en tu corazón);*
- *que algunas de nuestras elecciones están limitadas por nuestra anatomía;*
- *que existen defectos y conflictos en todas las relaciones humanas;*
- *que los deseos de las personas que amamos no siempre coinciden con los nuestros y a veces ni siquiera son compatibles con ellos;*
- *que no importa cuán astutos y cuidadosos seamos, a veces nos toca perder…*
- *que nuestra condición en este mundo es implacablemente pasajera.*

Y la más difícil de aceptar (por lo menos para mí), aunque no por difícil menos cierta:

- *que somos absolutamente incapaces de poder ofrecer a nuestros seres queridos la protección que quisiéramos contra todo peligro, contra cualquier dolor, contra las frustraciones, contra el tiempo perdido, contra la vejez y contra la muerte.*

Estas pérdidas forman parte de nuestra vida, son constantes universales e insoslayables. Y las llamamos pérdidas necesarias porque crecemos a través de ellas.

De hecho, somos quienes somos gracias a todo lo perdido y a cómo nos hemos conducido frente a esas pérdidas.

Por supuesto que trazar este mapa nos pone en un clima diferente del que alguno de ustedes puede haber encontrado recorriendo el camino de la autodependencia o el del encuentro. El clima de aquellos era el clima de descubrirse uno mismo, de descubrir el disfrute, de ser lo que uno es junto a otros. Pero hablar de la elaboración del duelo no parece un tema que nos remonte al disfrute, que nos remonte a la alegría, porque tiene una arista que como venimos diciendo nos conecta con el dolor. Pero este camino, el de las lágrimas, es el que nos enseña a aceptar el vínculo vital que existe entre las pérdidas y las adquisiciones.

Este camino señala que debemos renunciar a lo que ya no está, y que eso es madurar.

Asumiremos al recorrerlo que las pérdidas tienden a ser problemáticas y dolorosas pero sólo a través de ellas nos convertimos en seres humanos plenamente desarrollados.

Dijimos al empezar que el objetivo último del camino de las lágrimas es la elaboración del duelo por una pérdida.

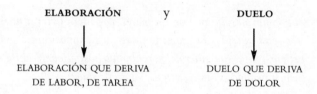

ELABORACIÓN   y   DUELO

ELABORACIÓN QUE DERIVA   DUELO QUE DERIVA
DE LABOR, DE TAREA   DE DOLOR

Como lo dice Sigmund Freud en *Melancolía y duelo*, la elaboración del duelo es un trabajo... un TRABAJO.

El trabajo de aceptar la nueva realidad.

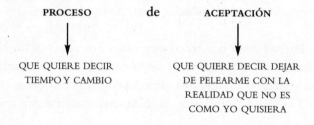

PROCESO   de   ACEPTACIÓN

QUE QUIERE DECIR   QUE QUIERE DECIR DEJAR
TIEMPO Y CAMBIO   DE PELEARME CON LA
    REALIDAD QUE NO ES
    COMO YO QUISIERA

El ciclo del contacto

Todas las pérdidas son diferentes y por eso no se puede ponerlas en conjunto en la misma bolsa ni analizar todos los procesos de duelo desde el mismo lugar. Sin embargo desde el punto de vista psicológico, la diferencia tendrá que ver con la dificultad para hacer ese trabajo, o con los matices del camino; pero las etapas y el desarrollo del proceso del duelo son más o menos equivalentes en una separación, en una pérdida material sin importancia o frente a la muerte de alguien muy cercano. Cualquier proceso de adaptación a una pérdida se puede describir, más allá de sus causas, empezando en un punto cero, común a toda situación posible, que las nuevas ciencias de la conducta llaman indistintamente el punto de Inicio o el punto de Retirada.

Para comprender mejor este concepto es necesario entrar en una descripción un poco más teórica, o por lo menos más técnica.

Cada persona responde a los estímulos del afuera siguiendo un determinado patrón de conducta. Gran parte de la descripción de nuestra relación con el universo que nos rodea se podría sintetizar en dicho patrón, un juego permanente y alternante de Contacto y Retirada.

El punto cero (Inicio o Retirada) es el lugar donde uno se encuentra aislado de lo que todavía no pasó, o al margen de algo que está pasando de lo que todavía no se enteró.

Un estímulo que está afuera sin ninguna relación con la persona.

Si estoy por entrar en una reunión donde hay gente que no conozco, la situación de punto cero sería antes de entrar, quizá todavía antes de viajar hacia la reunión.

Cuando llego me enfrento con la situación de la gente reunida.

Agradable o desagradable tengo una sensación. Esto es: siento algo. Mis sentidos me informan cosas. Veo la gente, siento los ruidos, alguien se acerca. Tengo sensaciones olfativas, auditivas, visuales, corporales, quizá me tiembla un poco el cuerpo y estoy transpirando. Después de las sensaciones "me doy cuenta", tomo conciencia de lo que pasa. Esto es, analizando mi percepción, deduzco que la reunión es de etiqueta, que hay muchísima gente y me digo: "Uyyy, algunos me miran". Me doy cuenta de lo que está pasando, de qué es esto que está estimulando mis sentidos.

Después de que me doy cuenta o tomo conciencia de lo que pasa se movilizan mis emociones. Siento un montón de cosas, pero no ya desde los sentidos, oídos, ojos, boca, no. Empiezo a sentir que me asusta, me gusta o me angustia. Siento placer, inquietud y excitación. Siento miedo, ganas, deseo, placer de verlos o temor por el resultado del encuentro.

Emociones que bullen dentro mío.

Una vez que estas emociones están, empiezan a pugnar por transformarse en acción. Siento la energía en mí que hace fuerza para empujarme a actuar[1]. Me asusto y me voy, me quedo y empiezo a hablar, hablo por allí o acá, decido contar mis emo-

---

1. No en vano Emoción viene de E y de Moción (energía al servicio del movimiento).

ciones, o no contarlas y esconderlas, o disimularlas o cualquier otra acción.

Es el momento del contacto, el punto clave.

Contacto es la posibilidad de establecer una relación concreta con el estímulo de afuera.

Contacto es: no sólo tengo sensaciones, me doy cuenta, movilizo y actúo, sino que además vivo, me comprometo con la situación en la cual estoy inmerso. Estoy en contacto.

Y después de estar en contacto durante un tiempo, por preservación, por salud, por agotamiento del ciclo, o por resolución de la emoción, hago una despedida y una retirada.

Me alejo para quedarme conmigo y para volver a empezar.

Pensemos un ejemplo clásico, el del pintor con su cuadro.

El pintor se para frente a la tela que aún no comienza a pintar y tiene la sensación de desafío que le proporciona la blancura de la tela. Se da cuenta del vacío que tiene enfrente y se vuelve aun más consciente de que hay algo para hacer con lo que está frente a sus ojos. El artista asiste, se podría decir que sin poderlo evitar, a la irrupción de sus emociones. Empieza a sentir cosas frente a esta tela en blanco y el deseo de pintar. Y entonces hace una acción, agarra un pincel con pintura y una espátula, se acerca a la tela y pinta sobre ella, que es la transformación en acción de una emoción que sentía.

Después de dar cuatro o cinco pinceladas, el pintor se detiene, da unos tres pasos atrás y mira.

Éste es el momento que llamamos antes de la retirada.

Al retirarse y mirar, se da cuenta, percibe lo que ahora ve y tiene la sensación de lo que ha puesto en la pintura. Sólo unos segundos o unos minutos después se da cuenta de cómo está su obra y tiene otra vez un caudal de emociones, tiene otra vez conciencia de lo que ve y otra vez asume que hay algo por hacer. Otra vez esta sensación se transforma en una acción. El artista se acerca al pincel y a la paleta. Por algún tiempo vuelve a pintar, antes de retroceder, para un nuevo comienzo del ciclo.

Toda nuestra vida está signada de momentos donde desde la distancia o el aislamiento uno descubre sensaciones y moviliza emociones, que como dijimos son energía potencial al servicio de lo que sigue.

Cuando consigo transformar esas emociones en una acción congruente, ella me pone en contacto con la cosa. La vivo, opero en ella y en pequeña o gran medida la modifico.

Cuando la situación se agota o cambia con mi intervención (o cuando yo me agoto de la vivencia), me retiro otra vez pero no en el sentido de irme, sino de volver a recomenzar.

Este pequeño esquema, como dijimos un poco técnico, es la base de lo que significa la actitud experiencial ante la vida, y lo traigo a cuento para poder dejar establecido que el proceso del duelo no es ni más ni menos que una particular situación de "Contacto y Retirada" y que el camino de las lágrimas es el sendero de aprender a recorrer este ciclo sin interrupciones, sin dilaciones, sin estancamientos y sin desvíos.

En la elaboración del duelo el estímulo percibido desde la situación de ingenua retirada es la pérdida. A veces de inmediato y otras no tanto me doy cuenta de lo que está pasando, he perdido esto que tenía o creía que tenía. Y siento. Se articulan en mis sentidos un montón de cosas, no mis emociones todavía, sino mis sentidos. Y luego, frente a esta historia de impresiones negativas o desagradables, me doy cuenta cabal de lo que pasó.

Aparecen y me invaden ahora sí un montón de emociones diferentes y a veces contradictorias que preceden, como siempre, al movimiento. La emoción es lo que prepara al cuerpo para la acción. La emoción sola es la mitad del proceso. La otra mitad es la acción. Así que lo que hago enseguida es cargarme de energía, de potencia, de ganas. Transformar en acciones estas emociones me permitirá la conciencia verdadera de la ausencia de lo que ya no está. Y es la toma de conciencia de lo ausente, el contacto con la temida ausencia lo que me permitirá luego la aceptación de la nueva realidad, un definitivo darme cuenta antes de la vuelta a mí mismo.

Me gustaría compartir contigo un cuento que me llegó hace algunos años de manos de algunos lectores y que a mi vez regalé en un importante y exitoso momento de su vida a mi querido amigo Marcelo.

Martín había vivido gran parte de su vida con intensidad y gozo.

De alguna manera su intuición lo había guiado cuando su inteligencia fallaba en mostrarle el mejor camino.

Casi todo el tiempo se sentía en paz y feliz; ensombrecía su ánimo, algunas veces, esa sensación de estar demasiado en función de sí mismo.

Él había aprendido a hacerse cargo de sí y se amaba suficientemente como para intentar procurarse las mejores cosas. Sabía que hacía todo lo posible para cuidarse de no dañar a los demás, especialmente a aquellos de sus afectos. Quizás por eso le dolían tanto los señalamientos injustos, la envidia de los otros o las acusaciones de egoísta que recogía demasiado frecuentemente de boca de extraños y conocidos.

¿Alcanzaba para darle significado a su vida la búsqueda de su propio placer?

¿Soportaba él mismo definirse como un hedonista centrando su existencia en su satisfacción individual?

¿Cómo armonizar estos sentimientos de goce personal con sus concepciones éticas, con sus creencias religiosas, con todo lo que había aprendido de sus mayores?

¿Qué sentido tenía una vida que sólo se significaba a sí misma?

Ese día, más que otros, esos pensamientos lo abrumaron.

Quizás debía irse. Partir. Dejar lo que tenía en manos de los otros. Repartir lo cosechado y dejarlo de legado para, aunque sea en ausencia, ser en los demás un buen recuerdo.

En otro país, en otro pueblo, en otro lugar, con otra gente, podría empezar de nuevo. Una vida diferente, una vida de servicio a los demás, una vida solidaria.

Debía tomarse el tiempo de reflexionar sobre su presente y sobre su futuro.

Martín puso unas pocas cosas en su mochila y partió en dirección al monte.

Le habían contado del silencio de la cima y de cómo la vista del valle fértil ayudaba a poner en orden los pensamientos de quien hasta allí llegaba.

En el punto más alto del monte giró para mirar su ciudad quizá por última vez.

Atardecía y el poblado se veía hermoso desde allí.

—Por un peso te alquilo el catalejo.

Era la voz de un viejo que apareció desde la nada con un pequeño telescopio plegable entre sus manos y que ahora le ofrecía con una mano mientras con la otra tendida hacia arriba reclamaba su moneda.

Martín encontró en su bolsillo la moneda buscada y se la dio al viejo que desplegó el catalejo y se lo alcanzó.

Después de un rato de mirar consiguió ubicar su barrio, la plaza y hasta la escuela frente a ella.

Algo le llamó la atención. Un punto dorado brillaba intensamente en el patio del antiguo edificio.

Martín separó sus ojos del lente, parpadeó algunas veces y volvió a mirar. El punto dorado seguía allí.

—Qué raro —exclamó Martín sin darse cuenta de que hablaba en voz alta.

—¿Qué es lo raro? —preguntó el viejo.

—El punto brillante —dijo Martín— ahí en el patio de la escuela —siguió, alcanzándole al viejo el telescopio para que viera lo que él veía.

—Son huellas —dijo el anciano.

—¿Qué huellas? —preguntó Martín.

—Te acordás de aquel día... debías tener siete años; tu amigo de la infancia, Javier, lloraba desconsolado en ese patio de la escuela. Su madre le había dado unas monedas para comprar un lápiz para el primer día de clases. Él había perdido el dinero y lloraba a mares —contestó el viejo. Y despés de una pausa siguió—: ¿Te acordás de lo que hiciste? Tenías un lápiz nuevito que estrenarías ese día. Te arrimaste al portón de entrada y cortaste el lápiz en dos partes iguales, sacaste punta a la mitad cortada y le diste el nuevo lápiz a Javier.

—No me acordaba —dijo Martín—. Pero eso ¿qué tiene que ver con el punto brillante?

—Javier nunca olvidó ese gesto y ese recuerdo se volvió importante en su vida.

—¿Y?

—Hay acciones en la vida de uno que dejan huellas en la vida de otros —explicó el viejo—, las acciones que contribuyen al desarrollo de los demás quedan marcadas como huellas doradas...

Volvió a mirar por el telescopio y vio otro punto brillante en la vereda a la salida del colegio.

—Ése es el día que saliste a defender a Pancho, ¿te acordás? Volviste a casa con un ojo morado y un bolsillo del guardapolvo arrancado.

Martín miraba la ciudad.

—Ése que está ahí en el centro —siguió el viejo— es el trabajo que le conseguiste a Don Pedro cuando lo despidieron de la fábrica... y el otro, el de la derecha, es la huella de aquella vez que juntaste el dinero que hacía falta para la operación del hijo de Ramírez... las huellas esas que salen a la izquierda son de cuando volviste del viaje porque la madre de tu amigo Juan había muerto y quisiste estar con él.

Apartó la vista del telescopio y sin necesidad de él empezó a ver cómo miles de puntos dorados aparecían desparramados por toda la ciudad.

Al terminar de ocultarse el sol, todo el pueblo parecía iluminado por sus huellas doradas.

Martín sintió que podía regresar sereno a su casa.

Su vida comenzaba, de nuevo, desde un lugar distinto.

Capítulo 2. Las pérdidas son necesarias

El Dios en quien yo creo no nos manda el problema, sino la fuerza para sobrellevarlo.

Harold S. Kushner

Comenzar de nuevo, dejar atrás, aprender otras formas, no depender de la mirada de alguien, caminar sin bastones... éstas y no otras son las cosas que han hecho de nosotros, los adultos, las personas que finalmente somos. Porque somos, en gran medida, el resultado de nuestro crecimiento y de nuestro desarrollo y tanto uno como otro dependen de la manera en que hayamos podido o no enfrentar nuestras pérdidas: experiencias penosas pero por lo dicho determinantes de nuestra manera de ser en el mundo, que incluye por supuesto la propia manera de enfrentar los duelos.

Nadie puede crecer si no ha experimentado antes en sí mismo gran parte de las emociones y sensaciones que definen las palabras de esta lista:

IMPOTENCIA	DESESPERACIÓN
IRREVERSIBILIDAD	AUTORREPROCHE
DESOLACIÓN	LLANTO
ENOJO	SUFRIMIENTO

DOLOR	SOLEDAD
VACÍO	MIEDO
AUSENCIA	TRISTEZA
DESAMPARO	DESASOSIEGO
ANGUSTIA	EXTRAÑEZA
DESCONCIERTO	NOSTALGIA
MUERTE	

No importa desacordar en la pertinencia de cada término de la lista en relación a las demás porque algunas cosas son pertinentes solo para quien las dice, pero lo cierto es que éstas son las palabras que la mayoría de las personas asocia cuando se enfrenta con la posibilidad o la necesidad de enfrentarse a una pérdida.

Solamente darle un vistazo sería suficiente para comprender lo odioso y amenazante que resulta cada pérdida para nuestro corazón. Creo que en una decisión rápida todos quisiéramos erradicar esta lista de nuestro diccionario, no sólo para poder evitar toparnos con ellas en nuestras vidas sino (sobre todo) para intentar erradicarlas permanentemente del camino de los que amamos.

Y sin embargo, está claro que se evoluciona y aprende desde las frustraciones. Nadie puede moverse hacia su madurez sin dolor.

¿Eso qué quiere decir, que hace falta sufrir para poder crecer?

¿Estamos diciendo que hace falta conectarse con el vacío interno para poder sentirse adulto?

¿Tengo que haber pensado en la muerte para seguir mi camino?

Digo yo que sí. Que lamentablemente hace falta haber pasado por cada una de estas cosas para llegar a la autorrealización. La lista describe en buena medida parte de las vivencias y sensaciones de un proceso NORMAL de la elaboración del duelo, y como ya dijimos los duelos son experiencias imprescindibles y parte de nuestro crecimiento. Ninguna de estas palabras es en sí misma una enfermedad, ninguna de estas sensaciones es anormal, ninguna de ellas es una amenza a nuestra integridad.

Puede ser que en un momento alguien pueda tener un duelo menos denso, no tan complicado, un proceso que no se desarrolle con tanto sufrimiento ni tanta angustia... puede ser. Pero también puede ser que otra persona o esa misma en otro momento transite otro duelo que incluya todas estas cosas y algunas más.

Leer estas cosas quizá dispare algunos recuerdos y desde allí movilice algunos asuntos personales, quizás algunos eventos no del todo resueltos, de hecho lo produce en mí el mero hecho de escribirlas; por eso es que, más que otras veces, te pido que te sientas con derecho a disentir, que te permitas decir "no estoy de acuerdo" o "yo creo justo lo contrario", que te animes a pensar que soy un idiota o putearme por sostener esto que digo.

No te dejes tentar por el lugar común de pensar que si lo dice el libro entonces esto es lo que "se debe" o "no se debe" sentir, porque un duelo siempre ha sido algo personal y siempre lo va a ser.

Tomemos algunos miles de personas y pintémosle de tinta negra los pulgares. Pidámosle después que dejen su huella en las paredes. Cada una de las manchas va ser diferente, no habrá dos idénticas porque no hay dos personas con huellas dactilares idénticas. Sin embargo... todas tienen características similares que nos permiten estudiarlas y saber más de ellas.

Cada uno de nuestros duelos es único y cada manera de afrontarlos es irrepetible...

Y sin embargo también es cierto que cada duelo se parece a todos los otros duelos propios y ajenos en ciertos puntos que son comunes y nos ayudarán a entenderlos. De hecho ayudar en un duelo implica conectar a quien lo padece con el permiso de expresar sus emociones, cualesquiera que sean, a su manera y en sus tiempos. Todos los terapeutas del mundo (que disentimos en casi todo) estamos de acuerdo en que la posibilidad de encontrar una forma de expresión de las vivencias internas ayudará a quienes están transitando por este camino a aliviar su dolor.

Desafío de la pérdida

Para entender la dificultad que significa enfrentarse con una pérdida nos importa entender qué es una pérdida. Cuando, como siempre hago, busqué en el diccionario etimológico el origen de la palabra, me sorprendió encontrar que pérdida viene de la unión del prefijo per, que quiere decir al extremo, superlativamente, por completo, y de der, que es un antecesor de nuestro verbo dar.

La etimología me obligaba a asociar la pérdida con el hecho de haber dado o quizá de haberse dado por completo. Quizás la sensación de haberlo entregado todo a alguien o a algo que ya no está.

Y entonces pensé que debía haber un error porque cuando uno da de corazón, en general no siente la pérdida. Lo perdido en todo caso es lo que alguien, la vida o las circunstancias te sacan.

Y me acordaba de Nasrudím...

—He perdido la mula, he perdido la mula,
estoy desesperado, ya no puedo vivir.
No puedo vivir si no encuentro mi mula.
Aquel que encuentre mi mula va a recibir como recompensa: mi
mula.
Y la gente decía:
—Estás loco, has enloquecido. ¿Perdiste la mula y vas a ofrecer
como recompensa tu propia mula?
Y él dice:
—Sí, porque a mí me molesta no tenerla,
pero mucho más me molesta haberla perdido.

Porque el dolor de la pérdida no tiene tanto que ver con el no tener, como con la situación concreta del mal manejo de mi impotencia, con lo que el afuera se ha quedado, con esa carencia de algo que yo, por el momento al menos, no hubiera querido que se llevara.

En el duelo siempre hay algo que se me saca, algo a lo que no hubiera querido renunciar, algo que no hubiera deseado perder.

Quizás pienso ahora, AHÍ ESTA LA BASE ETIMOLÓGICA de la palabra.

La palabra pérdida nos habla de la imposición que la vida me hace obligándome a conceder mucho más de lo que estaría dispuesto a dar.

Quizás lo que sucede es que en el fondo yo, y vos y todos, pretendemos nunca desprendernos totalmente de nada. Quizás la vivencia de lo perdido es nuestra respuesta a la idea del "ya no más". Un "ya no más" impuesto que no depende de mi decisión ni de mi capacidad. Una especie de renuncia forzada a algo que hubiera preferido seguir teniendo... "¿pero cómo podría evitarlo?".

Ya vimos que las emociones redundan en que yo me prepare para la acción, una manera de conectarme activamente con el estímulo. Atención que conectarse quiere decir ESTAR en sintonía con lo que está pasando, es decir establecer una relación entre lo que hago, lo que siento, lo que percibo y el estímulo original. Es por esta razón que conexión también puede querer decir salir corriendo (aunque esta actitud no suene muy "conectora").

Esta respuesta (MI respuesta) me conecta DURANTE UN TIEMPO con la situación y la modifica, aunque más no sea, en mi manera de percibir el estímulo, y pasado ese tiempo (variable con diferentes estímulos, con diferentes personas y con diferentes momentos de la misma persona frente a idéntico estímulo), pasado ese momento, la conexión, en el mejor de los casos, se agota, se termina y pierde vigencia, para permitirme volver al estado de reposo.

Este ciclo de la experiencia se reproduce en cada una de las situaciones, minuto tras minuto, instante tras instante, día tras día de nuestras vidas. Y como no podía ser de otra manera, también frente a la dolorosa situación de la muerte de alguien.

Lo que me pasa a mí y a vos y a todos en un caso como éste, recorre exactamente el mismo circuito:

1. percibo la situación del afuera
2. me conecto con una determinada emoción
3. movilizo una energía
4. que se va a tener que transformar en acción
5. para que establezca contacto con esa situación concreta,
6. hasta que esa situación se agote
7. y vuelva al reposo

Este camino, en el caso de la muerte de alguien, se llama "elaboración del duelo".

Lo que vamos a hablar es acerca de cómo esta elaboración se da no sólo frente a la muerte, frente a la desaparición física de alguien, sino en muchas otras situaciones. Vamos a hablar sobre el tema de la muerte específicamente y vamos a hablar del temor a todas las otras pérdidas, de la enfermiza conexión que no se agota, del apego y del desapego.

Pérdidas grandes y pequeñas pérdidas

Cada pérdida, por pequeña que sea, implica la necesidad de hacer una elaboración.
Todas.
No sólo las grandes pérdidas generan duelos sino que cada pérdida lo implica.
Por supuesto que las grandes pérdidas generan comúnmente duelos más difíciles, más largos o más intensos, pero las pequeñas también implican dolor y trabajo.

Un dolor que duele y un trabajo que hay que hacer, que no sucede solo.

Una tarea que casi nunca transcurre espontáneamente, con uno mismo como espectador.

Es interesante destacar que si bien todo transcurre en general naturalmente sin necesidad de empujarlo o buscarlo, la elaboración del suceso implica como mínimo cierta concientización, cierta disposición a actuar (un darme cuenta y un hacer lo que debo).

Un camino que como ya está dicho es doloroso y que no por elegido ni por necesario, es forzosamente placentero.

Bueno, pero no hay que ser dramático, ¿por qué tendría que estar pensando que me voy a separar de las cosas? Podría haber y de hecho hay muchas cosas que tomo para toda la vida. A ellas puedo aferrarme tranquilo porque estarán a mi lado hasta mi último minuto, porque yo he decidido que estén conmigo para siempre...

Respuesta: mentira.

Éste es el primero de los aprendizajes del ser adultos.

Me guste o no, voy a ser abandonado por cada persona, por cada cosa, por cada situación, por cada etapa, por cada idea, tarde o temprano, pero inevitablemente.

Y si así no fuera, si yo me muriera antes de que me dejen y no quiero aceptar que de todas maneras todo seguirá sin mí, deberé admitir que seré yo el que abandona y sería innoble no estar alerta, para no retener, para no atrapar, para no apegar, para no encerrar, para no mentir falsas eternidades incumplibles.

¿Cuánto puedo yo disfrutar de algo si estoy cuidando que nada ni nadie me lo arrebate?

Supongamos que esta estatuita en su escritorio, ese adorno o aquel cenicero están hechos de un material cálido y hermoso al tacto.

De paso, estamos tan poco acostumbrados a registrar táctilmente las cosas que el ejemplo suena impertinente. Tenemos muy poca cultura en el mundo sobre la importancia del sentido del tacto. Uno puede encontrar en los negocios de regalos de todo el mundo objetos para satisfacer la vista y el oído, dulces y alimentos para satisfacer el gusto, perfumes y otras cosas para satisfacer el olfato, todo se vende, pero casi no hay cosas a la venta para disfrutar con el tacto. Es una cosa particular, no hay una cultura táctil, como si las manos solo sirvieran para sostener, agarrar, pegarle a otro o cuando mucho acariciar, pero no hay buen registro del placer de tocar.

Vamos a imaginar que algo de lo que hay ahora sobre la mesa es una de las pocas cosas que sabemos que son agradables al tacto.

Supongamos ahora que yo la tomo firmemente entre mis manos porque me parece que alguien me la quiere sacar. La aprieto muy fuerte para evitar que me la quiten. ¿Qué pasará si el peligro permanece (aunque sea imaginario) y yo consigo retener el objeto en mi poder? Dos cosas.

La primera es que me daré cuenta de que se acabó el placer; ya no tengo ninguna posibilidad de disfrutar táctilmente de esto que yo aprieto. (Pruébenlo ahora, pongan algo fuertemente entre sus manos y aprieten. Fíjense si pueden percibir cómo es al tacto. No pueden. Lo único que pueden percibir es que están agarrando, que están tratando de evitar que esto se pierda.)

La segunda cosa que va a pasar cuando retengo tenazmente es que aparecerá el dolor. (Sigan aferrando el objeto con fuerza para que nadie pueda quitárselos y vean lo que sigue.) Lo que sigue a aferrarse siempre es el dolor. El dolor de la mano cerrada, el dolor de una mano que, apretada, obtiene un único placer posible, el placer de que no ha perdido, el único goce que tiene la vanidad, el de haber vencido a quien me lo quería sacar, el placer de "ganar"…

Pero ningún placer que provenga de mi relación con el objeto en sí mismo.

Esto pasa en la estúpida necesidad de poseer algunos bienes inútiles. Esto pasa con cualquier idea retenida como baluarte. Y esto pasa con la posesividad en cualquier relación, aún en aquellos vínculos más amorosos (padres e hijos, parejas). De hecho lo que hace de mis vínculos, sobre todo los más amorosos, espacios disfrutables, es poder abrir la mano, es aprender a no vincularnos desde el lugar odioso de atrapar, controlar o retener sino de la situación del verdadero encuentro con el otro, que como ya debo haber aprendido recorriendo el camino del encuentro[2]?, sólo puede ser disfrutado en libertad.

Mucha gente cree que no aferrarse significa no comprometerse.

Un concepto que yo no comparto pero entiendo.

2. El camino del encuentro, J. Bucay, Ed. Sudamericana.

La distorsión parece deducirse de pensar que, como sólo me aferro a quienes son importantes para mí, entonces el aferrarse es un símbolo de mi interés y por lo tanto (?)... mi no aferrarme queda sindicado como la falta de compromiso del desamor (???).

Esto es lo mismo que deducir que como los muertos no toman Coca-Cola, si dejás de tomar Coca-Cola te volverás inmortal.

Tiene el mismo fundamento pensar que si tu pareja no te cela quiere decir que no te quiere.

Que es la misma idea de aquellos que creen que si uno no se enoja no se pone en movimiento.

Que es lo mismo que creer que si no te obliga la situación nunca hacés nada.

Que es la misma idea de que si no le exigís a tu empleado no rinde.

Que es la misma idea de que si los abogados no tuvieran un día límite para entregar sus escritos nunca los entregarían (...bueno, eso es cierto).

Que es lo mismo que justificar el absurdo argumento de las guerras que se hacen para garantizar la paz.

También están los que, en la otra punta, creen lo mismo pero proponen lo contrario. Los que intentan evitar el sufrimiento del duelo no comprometiéndose afectivamente con nada ni con nadie.

Este pensamiento se ha ido volviendo una manera de vivir en este conflictivo y hedonista mundo que habitamos; una pauta cultural, enseñada, aprendida y muchas veces ensayada, pero de todas formas una alternativa que, por lo menos yo, considero inaceptable.

El planteo es el de comprar una póliza de seguro contra el dolor de una futura pérdida pagando como prima no entregar el corazón a nada ni a nadie. Posiblemente este "seguro contra el sufrimiento" no pueda evitar tu dolor por completo pero con seguridad sufrirás mucho menos. Tan seguro te lo digo como predigo que también perderás gran parte de la posibilidad de disfrutar un genuino encuentro con los demás. No es que no sea posible disfrutar sin necesidad de sufrir por ello pero el goce es imposible mientras estoy escapando obsesivamente del dolor.

La manera de no padecer "de más" no es amar "de menos", sino aprender a no quedarse pegado a lo que no está, cuando el momento de la separación o de la pérdida nos toca. La manera es disfrutar de esto y hacer lo posible para que sea maravilloso, mientras dure. La manera es vivir comprometidamente cada momento de la propia vida. La manera es, por fin, no vivir mañana pensando en este día de hoy que fue tan maravilloso, porque mañana deberé asumir el compromiso con lo que mañana esté pasando, para poder hacer de aquello también una maravilla.

Mi idea del compromiso es la del anclaje a lo que esté pasando en cada momento y no a lo que viene y menos a lo que pasó. Quedarse pegado a las cosas de ayer es como un compromiso con lo anterior. Es vivir colgado del pasado, cultivando lo que ya no es.

Es, como se dice en el campo, ocuparme de los tomates que la helada arruinó descuidando la lechuga que necesita del sol ahora.

¿Qué pasa si uno se anima a re-descubrir su relación con el otro cada día?

¿Qué pasa si uno decide animársele al compromiso solo por hoy?

¿Qué pasa si nos obligamos a renovar el compromiso con el otro diariamente, en lugar de una vez y para siempre?

Para muchos, temblorosos, inseguros, estructurados, transformará nuestra relación en un vínculo *light*, poco comprometido, pero yo digo justamente todo lo contrario.

La más comprometida y afirmada respuesta a un vínculo afectivo es simplemente estar dispuestos a no apegarnos a esa persona, a esa situación, a esa relación. Si mañana, esto que tanto placer te da, se termina, debés ser capaz de tomar la decisión de dejarlo ir, pero hasta que llegue ese momento (que quizá no llegue en tu vida) mientras no suceda el final intentá ser TODO compromiso.

Yo no soy ejemplo de nada pero tengo sobre el punto una postura que comparto con mi pareja. Mi esposa y yo tenemos un pacto entre nosotros que acordamos hace más de treinta años y que establece claramente que el día que alguno de los dos decida que no quiere estar más al lado del otro, deberíamos separarnos.

No el día después, ESE día.

Creer que por esto yo no estoy comprometido con mi esposa después de 25 años de casado, me parece una liviandad.

> **Tengo el compromiso de los que**
> **proclaman que se comprometen por**
> **amor y no el de aquellos que aman**
> **por compromiso.**

Light es la decisión de no comprometerse ni aquí ni ahora, dejando la apertura y el riesgo para otro momento, para otro lugar, para otra realidad, y no creo que esto represente ninguna solución.

La salud de tus relaciones con los demás se mide en tu manera de estar, comprometidamente mientras dure, pesquisar, detectar y revisar si esto que tenés es lo que tenés o es el cadáver de aquello que tuviste, y si es un cadáver comprometidamente despedirte de él y con igual compromiso salirte de lo que ya se terminó.

Me gustaría contarte un cuento:

Había una vez un hombre que estaba escalando una montaña. Estaba haciendo un escalamiento bastante complicado, una montaña en un lugar donde se había producido una intensa nevada. Él había estado en un refugio esa noche y a la mañana siguiente la nieve había cubierto toda la montaña, lo cual hacía muy difícil la escalada. Pero no había querido volverse atrás así que de todas maneras, con su propio esfuerzo y su coraje, siguió trepando y trepando, escalando por esta empinada montaña. Hasta que en un momento determinado, quizá por un mal cálculo, quizá porque la situación era verdaderamente difícil, puso el pico de la estaca para sostener su cuerda de seguridad y se soltó el enganche. El alpinista se desmoronó, empezó a caer a pico por la montaña golpeando salvajemente contra las piedras en medio de una cascada de nieve.

Pasó toda su vida por su cabeza y cuando cerró los ojos esperando lo peor, sintió que una soga le pegaba en la cara. Sin llegar a pensar, de un manotazo instintivo se aferró a esa soga. Quizás la soga se había quedado colgada de alguna amarra... si así fuera, podría ser que aguantara el chicotazo y detuviera su caída.

Miró hacia arriba pero todo era la ventisca y la nieve cayendo sobre él. Cada segundo parecía un siglo en ese descenso acelerado e

*interminable. De repente la cuerda pegó el tirón y resistió. El alpi-
nista no podía ver nada pero sabía que por el momento se había
salvado. La nieve caía intensamente y él estaba allí, como clavado a
su soga, con muchísimo frío, pero colgado de este pedazo de lino que
había impedido que muriera estrellado contra el fondo de la hondo-
nada entre las montañas.*

*Trató de mirar a su alrededor pero no había caso, no se veía nada.
Gritó dos o tres veces, pero se dio cuenta de que nadie podía escucharlo. Su posibilidad de salvarse era infinitamente remota; aunque
notaran su ausencia nadie podría subir a buscarlo antes de que para-
ra la nevisca y, aun en ese momento, cómo sabrían que el alpinista
estaba colgado de algún lugar del barranco.*

Pensó que si no hacía algo pronto, éste sería el fin de su vida.

Pero ¿qué hacer?

*Pensó en escalar la cuerda hacia arriba para tratar de llegar al
refugio, pero inmediatamente se dio cuenta de que eso era imposible.
De pronto escuchó la voz. Una voz que venía desde su interior que
le decía "soltate". Quizás era la voz de Dios, quizá la voz de su
sabiduría interna, quizá la de algún espíritu maligno, quizás una
alucinación... y sintió que la voz insistía "soltate... soltate".*

*Pensó que soltarse significaba morirse en ese momento. Era la
forma de parar el martirio. Pensó en la tentación de elegir la muerte para dejar de sufrir. Y como respuesta a la voz se aferró más
fuerte todavía. Y la voz insistía "soltate", "no sufras más", "es inútil
este dolor, soltate". Y una vez más él se impuso aferrarse más fuerte
aun, mientras conscientemente se decía que ninguna voz lo iba a con-
vencer de soltar lo que sin lugar a dudas le había salvado la vida. La
lucha siguió durante horas pero el alpinista se mantuvo aferrado a lo
que pensaba que era su única oportunidad.*

*Cuenta esta leyenda que a la mañana siguiente la patrulla de
búsqueda y salvataje encontró al escalador casi muerto. Le quedaba*

apenas un hilito de vida. Algunos minutos más y el alpinista hubie-
ra muerto congelado, paradójicamente aferrado a su soga... a menos
de un metro del suelo.

Y digo que, a veces, no soltar es la muerte.

A veces la vida está relacionada con soltar lo que alguna vez
nos salvó.

Soltar las cosas a las cuales nos aferramos intensamente creyendo que tenerlas es lo que nos va a seguir salvando de la caída.

Todos tenemos una tendencia a aferrarnos a las ideas, a las
personas y a las vivencias. Nos aferramos a los vínculos, a los espacios físicos, a los lugares conocidos, con la certeza de que esto es
lo único que nos puede salvar. Creemos en lo "malo conocido"
como aconseja el dicho popular.

Y aunque intuitivamente nos damos cuenta de que aferrarnos
a esto significará la muerte, seguimos anclados a lo que ya no
sirve, a lo que ya no está; temblando por nuestras fantaseadas
consecuencias de soltarlo.

Lo que sigue

Cuando hablamos del camino de las lágrimas hablamos de
aprender a enfrentarse con las pérdidas desde un lugar diferente.
Quiere decir no sólo desde el lugar inmediato del dolor, que
dijimos que siempre existe, sino también desde algo más, desde
la posibilidad de valorar el recorrido a la luz de lo que sigue. Y
lo que sigue, después de haber llorado cada pérdida, después de

haber elaborado el duelo de cada ausencia, después de habernos animado a soltar, lo que sigue, es otra cosa.

Lo que sigue es el encuentro con un yo mismo enriquecido por aquello que hoy ya no tengo pero que pasó por mí pero también por la experiencia vivida en el proceso.

Esto es difícil de aceptar.

**Es horrible admitir que cada pérdida
conlleva una ganancia.
Que cada dolor frente a una pérdida
terminará necesariamente con un rédito para mí.
Y sin embargo no hay pérdida que no implique una
ganancia.
No hay una pérdida que no provoque necesariamente un crecimiento personal.**

Me dirás:

"Es horrible pensar que la muerte de un ser querido signifi-ca una ganancia para mí".

Yo entiendo, y puedo dejar afuera de esta conversación la muerte de un ser querido, puedo ponerla en el casillero de las excepciones aunque no me lo creo. Lo que nos complica en este punto es pensar en lo "deseable" de la idea de ganancia mezcla-do con lo "detestable" de la idea de la pérdida de un ser querido. Quizás sea más fácil aceptar lo que digo si te aclaro que de algu-na manera estoy hablando de un beneficio secundario que se cosecha como consecuencia del indeseable momento del duelo y no de lo beneficioso de pasar por la situación de la muerte de un ser querido.

En todo caso la muerte de algún ser querido es un hecho inevitable en nuestras vidas y el crecimiento que de eso deviene también.

Permítaseme establecer provisoriamente que éstas son situaciones especiales.

Dejemos para más adelante el tema de la muerte de los que amamos y vamos a hablar por el momento de todas las otras pérdidas.

Vamos a tratar de mostrar y demostrar durante todo este capítulo que en cada una de las otras pérdidas hay una ganancia que es como mínimo el pasaporte al crecimiento, lo cual significa un pasaporte para vivir mejor.

Cuando preguntamos a la gente cómo le va en la vida, recibimos como respuesta de la mayoría que no le va tan bien como quisiera o que la pasa francamente mal.

Casi el 65% de la población urbana de Occidente asegura que no le va bien.

Si uno trata de confirmar estas respuestas preguntando si sufren, nos aseguran que sí. Algunos dicen que mucho, otros que un poco, pero si nos guiamos por sus respuestas concluiremos sin dudarlo que la mayoría sufre.

Es obvio que a nadie le gusta sufrir, y por lógica entonces ese sufrimiento es "algo inevitable" que nos alcanza, que nos salpica, que nos toca, que nos invade a nuestro pesar.

¿Por qué sufrimos?

Sufrimos cuando nos damos cuenta de que no tenemos algo deseado, o cuando nos enteramos de alguna pérdida; cuando lo obtenido está demasiado distante de lo esperado y cuando creemos que para algunas cosas ya es tarde.

El sufrimiento, sentenciaba Buda, es universal, pero tiene una sola raíz.

Y esa raíz, decía el maestro, es el deseo.

Deseos, apego, anhelos y expectativas; he aquí las raíces de nuestro sufrimiento. Y si allí se originan, sigue Buda, el sufrimiento se puede evitar, el dolor tiene solución.

La solución es dejar de desear. Aceptar. Soltar. Cancelar la imperiosa urgencia de que las cosas sean diferentes de como son.

Dejá de pretender tener ya todo lo que quisieras tener en este momento, material, afectivo o espiritual y el sufrimiento va a desaparecer.

Un sacerdote jesuita que se llamaba Anthony De Mello jugaba a veces en sus charlas:

—¿Quieren ser felices? —decía—. Yo puedo darles la felicidad en este preciso momento, puedo asegurarles la felicidad para siempre. ¿Quién acepta?

Y varios de los presentes levantaban la mano...

—Muy bien —seguía DeMello—. Les cambio la felicidad por todo lo que tienen, denme todo lo que tienen y yo les doy a cambio la felicidad.

La gente lo miraba. Creía que él hablaba simbólicamente, y reía...

—Y se los garantizo —confirmaba—. No es broma.

Las manos empezaban a descender... y él decía, riéndose como un Buda:

—Ahh... No quieren... Ninguno quiere.

Y entonces él explicaba.

Identificamos nuestro ser felices con nuestro confort, con el éxito, con la gloria, con el poder, con el aplauso, con el dinero, con el gozo, con el placer instantáneo; y no parecemos estar ni un poquito dispuestos a renunciar a algo de eso. Ni siquiera a cambio de ser felices. Sabemos que gran parte de nuestro sufrimiento proviene de lo que hacemos diariamente para tener estas cosas, pero nadie puede convencernos de que renunciemos a ellas.

Nadie nos puede hacer creer que dejaríamos de sufrir si diéramos el gran paso de dejar de anhelar.

Y sin embargo es tan claro.

Somos como el alpinista aferrados a la búsqueda de cosas materiales como si fueran la soga que nos va a salvar. No nos animamos a soltar este pensamiento porque pensamos que sin posesiones lo que sigue es el cadalso, la muerte, la desaparición. Sabemos que lo conocido nos ocasiona sufrimiento pero no estamos dispuestos a renunciar a ello. La idea de soltar las cosas para recorrer el camino más liviano nos es desconocida, y entonces no tenemos ninguna posibilidad de dejar de sufrir, porque encima de la frustración se instala en nosotros una cierta contradicción.

Pero es necesario admitir que para nosotros, occidentales, nos es imposible dejar de desear, aunque también sabemos que es imposible poseer infinitamente y para siempre todo lo que deseamos, porque no somos omnipotentes.

Es decir:

No dejamos de fabricar deseos.

Ninguno de nosotros puede ni podrá jamás tener todo lo que desea.

Desear y no obtener es la fuente del sufrir.

¿Existe una solución para esta trampa?

Creo que sí.

La llave podría buscarse por el camino de aprender a entrar y salir del deseo.

Para ello es imprescindible desarrollar la habilidad de desear sin quedarme atrapado en el deseo, querer sin agarrarme como se agarra un alpinista de la soga que cree que le va a salvar la vida. En pocas palabras aprender a soltar.

Pongamos un ejemplo.

Posiblemente sería muy placentero viajar en el auto más caro y lujoso que existe, aunque sea de aquí a cinco cuadras, ¿pero debería sufrir si ese auto no está disponible para mí en este momento?

Digo que si el auto está, sería maravilloso disfrutar de un paseíto a bordo (aun uno cortito como el propuesto, un viajecito de cinco cuadras), pero si no está... quizás haya otro auto. Y si no... quizá pueda caminar. Y si llueve... quizá pueda conseguir un paraguas. Y si no lo consigo... quizá pueda renunciar a ir...

Quizás, se me ocurre ahora que lo pongo por escrito, quizás hasta pueda renunciar a ciertos hábitos y gracias a que el auto no está disponible... disfrutar de caminar bajo la lluvia.

Si yo pudiera descubrir mi posibilidad de disfrutar en cualquiera de estas situaciones, si yo puedo imaginar algún grado de alegría en cada una de estas posibilidades, entonces no habría ningún sufrimiento esperándome en el ejemplo.

En cambio, si yo fijo gran parte de mis ilusiones y expectativas, si yo decido que lo único que me puede hacer feliz en este momento es que sea este y ningún otro el auto que me lleve... entonces aparece lo que yo llamo *"el momento de las vocales quejosas"*.

"Aaaah... Qué gran defraudación".
"Ooooh.... Qué terrible pérdida".
"Eeeeh...Es que yo siempre fui en auto" y
"Uuuh...Yo no voy a soportar tener que caminar".

Si pudiéramos burlarnos de nuestras miserias lo llamaríamos *"el momento del sufrimiento garantizado"*.

Pero por suerte no somos tan necios como para hacer depender nuestra felicidad de un paseo en auto. Y entonces... debe pasar por otro lado, ¿qué es lo que me hace sufrir?

El tema está en mi apego, en mi manera de relacionarme con mis deseos.

El problema es no saber entrar y salir de las situaciones.

No poder aceptar la conexión y la desconexión con las cosas.

No haber aprendido que el obtener y el perder son parte de la dinámica normal de la vida considerada feliz.

Te preguntarás por qué me desvío hacia la felicidad, el apego y la capacidad de entrar y salir si estoy hablando de pérdidas, de lágrimas, de abandonos y de muertes. No es desvío. Muerte, cambio, pérdida y VIDA PLENA están íntimamente relacionados desde el comienzo de los tiempos, como lo demuestran los estudios de los símbolos que han encarado sucesivamente la antropología, la historia de los pueblos primitivos y la psicología. A través de los tiempos cada símbolo tiene arquetípicamente un significado, como lo analizó el genial Carl Jung en sus estudios acerca de la estructura simbólica por antonomasia: las cartas del Tarot.

En el Tarot existe, por ejemplo, una carta que representa y simboliza la muerte. Se trata del arcano número XIII, que la tradición popular identifica con la famosa calavera, la guadaña y la túnica. La imagen misma de la muerte.

Los símbolos se repiten una y otra vez en todas las culturas y en todos los tiempos; y sin embargo a pesar de lo aterrador de la imagen, esta carta no representa como símbolo la llegada de la muerte en sí misma, sino que para los que más saben del tema encarna el cambio. Simboliza el proceso por el que algo deja de ser como es, para dar lugar a otra cosa que va a ocupar el lugar que aquello que ya no está ocupaba antes.

La sabiduría popular o el inconsciente colectivo sabe desde siempre que las pequeñas muertes cotidianas y quizá también los más tremendos episodios de muerte simbolizan internamente procesos de cambio.

Vivir esos cambios es animarnos a permitir que las cosas dejen de ser para que den lugar a otras nuevas cosas.

Elaborar un duelo es pues aprender a soltar lo anterior.

Es cuando temo a las cosas que vienen, cuando me agarro de las cosas que hay.

Me quedo centrado en las cosas que tengo porque no me animo a vivir lo que sigue.

Me convenzo de que no voy a soportar el dolor que significa que esto se vaya para justificar mi manera de aferrarme a todo lo anterior...

Y desde esta posición, seguramente no podré conocer, ni disfrutar, ni vivir lo que sigue.

Casi te escucho:

"... pero cuando uno pierde cosas que quiere, siente que le duele, y a veces sufre mucho por lo que no está".

Sí, y el tema está en ver qué hacemos para quedarnos sólo con el dolor, pero renunciando al sufrimiento.

Hay miles de cosas que te invitan a recorrer el camino de las lágrimas,
porque además de las personas que uno pierde
hay situaciones que se transforman,
hay vínculos que cambian,
hay etapas de la propia vida que quedan atrás,
hay momentos que se terminan,
y cada una de estas cosas representa una pérdida para elaborar.
Si me doy cuenta de que TODO de alguna manera va a pasar,
concluiré asumiendo que es MI responsabilidad enriquecerme al despedirlas.

Imaginate que yo me aferrara a aquellas cosas hermosas de mi infancia, que me quedara pensando lo lindo que fue ser niño, o viviera añorando aquel momento en el que era un bebé y mi mamá me daba la teta y se ocupaba de mí y yo no tenía nada que hacer más que lo que tuviera ganas, o aún más, me quedara, como el alpinista, agarrado del recuerdo de la imaginaria seguridad del útero de mi mamá, pensando que este estado supuestamente es ideal.

Imaginate que me quedara en cualquier etapa anterior a mi vida, que decidiera no seguir adelante.

Imaginate que decidiera que algunos momentos del pasado han sido tan buenos, algunos vínculos han sido tan gratificantes, algunas personas han sido tan importantes, que no los quiero perder, y me agarrara como a una soga salvadora de estos lugares que ya no soy.

Imaginate que yo hiciera eso y vos lo hicieras también. No existiría este libro, ni tu interés de leer estas palabras, ni el deseo de seguir avanzando en la vida. Los dos moriríamos allí, en el pasado, paralizados y congelados como en el cuento. Seguramente esto no es lo que deseamos, esto no podría ser bueno para mí ni para nadie.

Y sin embargo, dejar cada uno de estos lugares fue doloroso, dejar mi infancia fue doloroso, dejar de ser el bebé de los primeros días fue doloroso, dejar el útero fue doloroso, dejar nuestra adolescencia fue doloroso.

Todas estas vivencias implicaron una pérdida, pero gracias a haber perdido algunas cosas hemos ganado algunas otras.

Puedo poner el acento en esto diciendo que no hay una ganancia importante que no implique de alguna forma una renuncia, un costo emocional, una pérdida.

Ésta es la verdad que se descubre al final del camino de las lágrimas:

Que los duelos son imprescindibles para nuestro proceso de crecimiento personal, que las pérdidas son necesarias para nuestra maduración y que ésta a su vez nos ayuda a recorrer el camino.

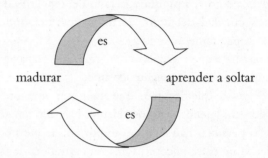

Cuanto más aprenda yo a soltar, más fácil va a ser que el crecimiento se produzca, cuanto más haya crecido menor será el desgarro ante lo perdido, cuanto menos me desgarre por aquello que se fue, mejor voy a poder recorrer el camino que sigue. Madurando seguramente descubra que por propia decisión dejo algo dolorosamente para dar lugar a lo nuevo que deseo.

—Gran maestro —dijo el discípulo—, he venido desde muy lejos para aprender de ti. Durante muchos años he estudiado con todos los iluminados y gurús del país y del mundo y todos han dejado mucha sabiduría en mí. Ahora creo que tú eres el único que puede completar mi búsqueda. Enséñame, maestro, todo lo que me falta saber.

Badwin el sabio le dijo que tendría mucho gusto en mostrarle todo lo que sabía pero que antes de empezar quería invitarlo con un té.

El discípulo se sentó junto al maestro mientras él se acercaba a una pequeña mesita y tomaba de ella una taza llena de té y una tetera de cobre.

El maestro alcanzó la taza al alumno y cuando este la tuvo en sus manos empezó a servir más té en la taza que no tardó en rebalsarse.

El alumno con la taza entre las manos intentó advertir al anfitrión:

—Maestro... maestro.

Badwin como si no entendiera el reclamo siguió vertiendo té, que después de llenar la taza y el plato empezó a caer sobre la alfombra.

—Maestro —gritó ahora el alumno—, deja ya de echar té en mi taza. ¿No puedes ver que ya está llena?

Badwin dejó de echar té y le dijo al discípulo:

—Hasta que no seas capaz de vaciar tu taza no podrás poner más té en ella.

Hay que vaciarse para poder llenarse.

Una taza, dice Krishnamurti, sólo sirve cuando está vacía.

No sirve una taza llena, no hay nada que se pueda agregar en ella.

Manteniendo la taza siempre llena ni siquiera puedo dar, porque dar significa haber aprendido a vaciar la taza. Parece obvio que para dar tengo que explorar el soltar, el desapego, porque también hay una pérdida cuando decido dar de lo mío (como la etimología ya lo había anticipado, ¿te acordás?).

Para crecer entonces voy a tener que admitir el vacío. El espacio donde por decisión, azar o naturaleza ya no está lo que antes podía encontrar.

Ésta es mi vida. Voy a tener que deshacerme del contenido de la taza para poder llenarla otra vez. Mi vida se enriquece cada vez que yo lleno la taza, pero también se enriquece cada vez que la vacío... porque cada vez que yo vacío mi taza estoy abriendo la posibilidad de llenarla de nuevo.

Toda la historia de mi relación con mi crecimiento y con el mundo es la historia de este ciclo de la experiencia del que ya hablamos. Finalmente la vida consiste en establecer contacto con los hechos, agotar el contacto y retirarse, desde allí empezar otra vez el registro, otra vez cargarme de energía, otra vez emocionarme y otra vez actuar, otra vez conectarme, otra vez agotarme de contacto y volver a retirarme.

Entrar y salir.

Llenarse y vaciarse.

Tomar y dejar.

Vivir estos duelos para mi propio crecimiento. Aunque no siempre el proceso sea fácil, aunque no siempre esté exento de daño.

Tengo encima de mi mesa de trabajo una moneda de plata que me regalaron mis colegas del Colegio de Psicólogos de Guadalajara cuando estuve en su ciudad dando una conferencia sobre este mismo tema. Si ahora quisiera mirarla más de cerca para examinar su hermoso grabado podría hacerlo fácilmente y sin ningún esfuerzo. No pasa gran cosa salvo que en la mesa queda el lugar vacío donde estaba apoyada la moneda. Pero si pongo un poquito de pegamento aquí, en la moneda, cuando la levante, posiblemente quede una marca sobre el mantel, y si miráramos con una lupa veríamos que algo de las capas superficiales de la tela del mantel fueron arrancadas junto con la moneda. Ahora imaginemos que en lugar de un simple pegamento pongo un poco de algún firme adhesivo industrial. Si le permito que se seque, cuando alce la moneda, pedacitos de mantel van a quedar pegados a él y no voy a necesitar ninguna lente para notarlo, el daño será evidente. Ahora imagínate que hago ojales en el mantel y hago algunos agujeros en la madera y con un hilo metálico fabrico una red de alambre para mantener la moneda sujeta al mantel y ya que estoy, pego con cemento el mantel a la mesa. Supongamos ahora que quiero levantar la moneda para admirar, otra vez, sus grabados; no sólo voy a tener que hacer un esfuerzo más grande para poder separar estas dos cosas y levantar la moneda sino que cuando lo haga, si consigo hacerlo, posiblemente, el mantel se destruya, un pedazo de la mesa quede dañado, y la moneda quede en malas condiciones.

Tomando este ejemplo parece evidente que cuanto mayor sea el apego que siento a lo que estoy dejando atrás (cuanto más poderoso sea el pegamento), mayor será el daño que se produzca a la hora de la separación, a la hora de la pérdida, a la hora de vivir el duelo.

No es imprescindible que sea así pero en general sucede que cuanto más quiero a alguien, más tiendo a apegarme y éste será entonces, ahora podemos comprenderlo, el principio de verdad sobre el que se construye aquella idea de que el que ama se arriesga a sufrir y la horrible conclusión (además engañosa y falsa) de que "si uno no ama no sufre".

Y yo digo que lamentablemente en relación al dolor, el amor es más que un riesgo, es casi una garantía; porque en cada relación amorosa comprometida es más que probable que haya aunque sea un poquito de dolor, aunque más no sea el dolor de descubrir nuestras diferencias y de enfrentar nuestros desacuerdos. Pero este compromiso es la única manera de vivir plenamente y como suelo decir:

Vivir vale la pena.

Esta pena es la que de alguna manera me abre la puerta de una nueva dimensión. Es el dolor inevitable para conseguir otra cosa más importante. Es la condición imprescindible para sostener mi propio crecimiento.

Nadie crece desde otro lugar que no sea haber pasado por un dolor asociado a una frustración, a una pérdida.
Nadie crece sin tener conciencia de algo que ya no es.

El duelo por lo que nunca fue

Existen duelos que a simple vista parecen diferenciarse de los demás. Se trata del dolor que padecen los que, teniendo la fantasía de llegar a tener algo, aterrizan un día en la conciencia de que no lograrán tenerlo jamás.
No hay en estos casos ninguna pérdida, porque cómo se puede perder lo que no se tuvo. Y entonces… ¿cómo se podría sentir esto como una pérdida?

Parece ser una excepción. Parece ser el duelo por no tener lo que nunca tuvo.

Me digo que debe haber algo que tuvo que tener, para que se justifique la existencia de la pérdida.
Me contesto que hay, por supuesto, algo que sí tuvo.

Tuvo la ilusión
Tuvo la fantasía.
Tuvo el sueño.

Y lo que está perdiendo cuando sufre es esa ilusión, es esa fantasía, y si se da cuenta, va a tener que elaborar el duelo para poder separarse de esto que ya no está.

Un sueño mío no es algo que podría haber sido, un sueño mío es en sí mismo. Está siendo en este momento.

Mis ilusiones, mis fantasías y mis sueños, si son sentidos y son conscientes, son.

Y puedo aferrarme a mis sueños, como me aferro a mis realidades, como me aferro a mis relaciones.

Cuando la realidad me demuestra que esto no va a suceder, es como si algo muriera, y como con las personas tiendo a quedarme aferrado a esta fantasía.

Igual que con las realidades, lo mismo que con los hechos, hace falta soltar.

Pero para esto tengo que aceptar que el mundo no es como yo quiero que sea, y esto implica un duelo para elaborar.

Tengo que aceptar que el mundo es como es y amigarme con el hecho de que así sea.

Tengo que aceptar que mi buen camino no pase quizá por tener todo lo que yo sueño.

Quizás pase por donde ni siquiera imaginé.

Pero si no me animo a soltar la soga de un sueño no podré seguir mi ruta hacia mí mismo.

Dejar atrás

Madurar siempre implica dejar atrás algo perdido aunque sea un espacio imaginario, y elaborar un duelo es abandonar uno de esos espacios anteriores (internos o externos), que siempre nos suena más seguro, más protegido, y aunque más no sea, más previsible.

Dejarlo para ir a lo diferente. Pasar de lo conocido a lo desconocido.

Esto irremediablemente nos obliga a crecer.

Que yo sepa que puedo soportar los duelos, y sepa que puedo salirme si lo decido, me permite quedarme haciendo lo que hago, si ésa es mi decisión.

La contracara del cuento del alpinista es la historia de Don Jacobo.

Don Jacobo vive en la Avenida Santa Fe, entre el pasaje Pirulo y la calle Mengano.

Hay un kiosco de diarios en Santa Fe y Mengano y otro kiosco de diarios en Santa Fe y Pirulo.

Don Jacobo toma café todas las mañanas en Santa Fe y Pirulo y antes de entrar al bar compra el diario en esa misma esquina.

Por alguna razón misteriosa (quizá por algún prejuicio antisemita) el kiosquero de Santa Fe y Pirulo maltrata a don Jacobo.

Siempre le habla en mal tono, le tira el diario en lugar de dárselo en la mano, le pasa mal la cuenta, le entrega el más arrugado de los ejemplares.

El mozo del bar que lo atiende siempre y le tiene afecto le dice:

—Oiga, don Jacobo, ¿por qué deja que lo maltrate?

—¿Y qué quiere que le haga?

—No, no quiero que haga nada, pero si este tipo lo trata de esta manera, ¿por qué no compra el diario en otro kiosco? Después de todo cuando viene de su departamento pasa por el kiosco de Mengano antes de llegar al bar.

Don Jacobo mira al mozo y le contesta:

—Este hijo de puta me maltrata sin ninguna razón... ¿y yo voy a dejar que ÉL decida dónde YO compro el diario? ¡De ninguna manera!

¿Es esto resistirse a elaborar el duelo?

No, creo que no.

Resistir el duelo sería aferrarse al vínculo, sería corregir mi conducta, esperar que el otro me trate bien o seguir quejándome del maltrato.

Indudablemente, mejor resolución para el maltrato, en el chiste de don Jacobo, hubiera sido aceptar la pérdida de un lugar donde comprar el diario, procesar el duelo y dejar de esperar que esto cambie. Aceptar que puedo comprar el diario en otro lado donde me traten bien.

Pero como dice don Jacobo, seguramente será muy bueno para mi futuro, que después del duelo, yo decida dónde quiero comprar el diario. Puede ser que yo sea un idiota si le sigo comprando el diario a ese hijo de puta, pero ser un idiota no es un tema que impida vivir el duelo.

Impedir o resistir el duelo es otra cosa.

De "El rey Juan", la obra de William Shakespeare...

Felipe habla con Constanza, que ha perdido a su hijo durante la última batalla.

De hecho ignora si su hijo ha muerto pero intuye que probablemente no lo vuelva a ver con vida.

Constanza llora y gime, se lamenta y llora más todavía, desesperada y dolorida.

Entonces Felipe le dice:

—Llorás tanto a tu hijo, estás tanto con el dolor, que parece que quisieras más a tu dolor que a tu hijo.

Y Constanza le contesta:

—El dolor de que mi hijo no esté vive en su cuarto, duerme en su pieza, viste sus ropas, habla con sus mismas palabras, y me acompaña a cada lugar adonde me acompañaba antes mi hijo, ¿cómo podría no querer a mi dolor, si es lo único que tengo?

Porque el dolor a veces, es cierto, acompaña al que sufre, ocupando el mismo lugar que antes habitaba la persona.

No importa qué lugar ni cuánto lugar ocupaba el desaparecido en tu vida, el dolor siempre está listo para llenar todos esos espacios.

Y es necesario entender que si bien esta sensación de estar acompañado por el dolor no es agradable, por lo menos no es tan amenazante como parece ser el vacío.

Por lo menos el dolor ocupa el espacio.

El dolor llena los huecos.

El dolor evita el agujero del alma.

¿Qué pasaría si no estuviera el dolor para llenar esos huecos?

El proceso de interiorización

Una parte del proceso de aceptación y elaboración consiste en la ardua tarea de descubrir y dejar vivir adentro mío las cosas que otro dejó.

Dejar nacer y durar en nuestro interior algo del que ya no está. Este mecanismo, anteúltima etapa de un duelo sano, no necesita de la muerte del otro para operar en nuestro beneficio. Trabaja sobre la ausencia del que de alguna manera, muerto o no, ya no está. Sea porque su enfermedad lo cambió tanto que ya no es el que era, sea porque el simple paso del tiempo haga que ya no pueda estar de la manera en que estaba. Puede ser que esté aquí físicamente a nuestro lado, tiene su misma cara, el mismo nombre y número de documento, pero no la misma expresión, quizá conserve la misma voz pero ya no dice las mismas palabras, y hasta quizás sean las mismas palabras pero ya no signifiquen lo mismo…

Ya no es la misma persona. Ya no es.

No está más allí afuera… Pero sí puedo darme cuenta de que lo que dejó en mí está adentro.

Y cuando puedo llegar aquí, entonces, aun dolorosamente, puedo recuperar la alegría de su presencia viva. Porque esta vigencia se significa en poder mantener viva su figura en mí.

La vida es la continuidad de la vida, más allá de la historia puntual.

Cada momento de nuestra vida se muere para dar lugar al que sigue, cada instante que vivimos, va a tener que morirse para que nazca uno nuevo, que nosotros después vamos a tener que estrenar (como dice Serrat).

Hace falta estrenarse una nueva vida cada mañana si es que uno decide soportar la pérdida de la propia vida diferente que terminó ayer.

Pero si seguís llevando la anterior, la anterior, y la anterior, tu vida se hace muy pesada.

A mí me parece que todo el misterio de poder lidiar con nuestras pérdidas no consiste en otra cosa que en animarse justamente a vivir los duelos, animarse a dolerse como parte del camino, animarse a padecer el dolor. Y digo el dolor, no el sufrimiento. Una vez más, sufrir es quedarse "amorosamente" vinculado a la pena como antes me vinculaba al placer que me daba lo perdido.

Quiero poder abrir la mano y soltar lo que hoy ya no está, lo que hoy ya no sirve, lo que hoy no es para mí, lo que hoy no me pertenece.

No quiero retenerte, no quiero que te quedes conmigo porque yo no te dejo ir.

No quiero que hagas nada para quedarte más allá de cuanto quieras.

Mientras yo deje la puerta abierta voy a saber que estás acá porque te querés quedar, porque si te quisieras ir, ya te habrías ido.

Hay un poeta argentino, que se llama Hamlet Lima Quintana, un hombre cuya poesía admiro muchísimo. Y él escribió "Transferencia", y dice:

Después de todo, la muerte es una gran farsante.
La muerte miente cuando anuncia que se robará la vida,
como si pudiera cortar la primavera,
porque al final de cuentas,
la muerte sólo puede robarnos el tiempo,
las oportunidades de sonreír,

de comer una manzana,
de decir algún discurso,
de pisar el suelo que se ama,
de encender el amor de cada día.
De dar la mano, de tocar la guitarra,
de transitar la esperanza.
Sólo nos cambia los espacios.
Los lugares donde extender el cuerpo,
bailar bajo la luna o cruzar a nado un río.
Habitar una cama, llegar a otra vereda,
sentarse en una rama,
descolgarse cantando de todas las ventanas.
Eso puede hacer la muerte.
¿Pero robar la vida?… Robar la vida no puede.
No puede concretar esa farsa… porque la vida…
la vida es una antorcha que va de mano en mano,
de hombre a hombre, de semilla en semilla,
una transferencia que no tiene regreso,
un infinito viaje hacia el futuro,
como una luz que aparta
irremediablemente las tinieblas.

Y a mí me parece que Lima Quintana tiene razón.

La desaparición del otro, que uno asocia con la muerte, solamente puede ser vivida así si uno no puede interiorizar a los que ha perdido.

Si uno se anima, entonces la muerte es una gran farsante. La enfermedad es una gran farsante.

Pueden llevarse algunas cosas de ese otro. Pero no pueden robármelo porque de alguna manera ese otro sigue estando adentro mío.

Capítulo 3. Tristeza y dolor.
Dos compañeros saludables

Siempre hay más, mucho más que dolor en un duelo.
Hay por ejemplo cierto orgullo de llegar adonde nunca había estado,
Donde nunca pensé que llegaría a estar.
Hay oculto en cada adiós un silencioso bienvenido.
Las despedidas son más un tema de la vida que de la muerte
Porque en última instancia y desde el principio
Nuestra historia y la de todos
es tan sólo una mezcla extraña de finales y principios.

Y lo sé porque otros que vivieron me contaron
Porque otros que sufrieron primero crecieron después desde dolor
Muertes que parieron nuevas vidas,
Pérdidas que condujeron a encuentros
Y ausencias presentes que llenaron vidas vacías
Librándolas del martirio de presencias ausentes.

Es por eso que sé, que avanzo y que no estoy sola,
Que camino día y noche acompañada por muchos otros.
Otros que dejaron su marca en el sendero
Y que encontraron solamente caminando,
el sentido verdadero del camino recorrido.

MARTA BUJÓ
No todo es dolor

En el lenguaje de todos los días solemos equiparar el dolor con el sufrimiento, y la tristeza con la depresión.

Si buceamos en las etimologías del duelo nos encontraremos que más allá de la hablada relación con el dolor existen además otras dos derivaciones interesantes.

Una la que relaciona el origen del duelo emparentado con el antiguo vocablo *dwel* que quiere decir batalla, pelea entre dos; y que en este caso, sugiere para mí que desde el mismo significado etimológico se debe pensar que en el proceso interno de la elaboración de una pérdida, se establece una lucha, un duelo de hegemonías; por ejemplo entre la parte de mí que acepta la pérdida, atada a la realidad, y la otra, la que quiere retener, la que no está dispuesta a soltar lo que ya no está.

La otra derivación lingüística nos vincula a la palabra latina *dolos* (origen también de nuestro jurídico dolo) que quiere decir engaño, estafa, falsedad y que quizá nos obligue a pensar en el engaño de todos los que nos han enseñado a creer que podría conservar para siempre lo que amaba, y que todo lo deseado podía ser eterno.

DUELO	dolor	⇨	pena
	duelo	⇨	guerra como enfrentamiento entre dos partes
	dolo	⇨	engaño de la eternidad

Cuando hablamos del camino de las lágrimas estamos poniendo el acento ciertamente en la vinculación del duelo con el dolor por lo perdido, pero no olvidemos que una guerra sucede en nuestro interior y que el bando de "los buenos" es el que quiere aceptar que lo ausente ya no está; y no olvidemos tampoco que transitamos este camino soportando la frustrada decepción de confirmar que la infantil creencia de las cosas eternas se ha estrellado contra la realidad de una pérdida.

Duelo normal

Estar de duelo no es estar enfermo. Más bien, al contrario, el proceso que conlleva la superación de una pérdida es la garantía de desarrollo, crecimiento y salud.

Frente a la vivencia de la pérdida el proceso de duelo se establece para poder seguir adelante en nuestro camino, para poder superar la ausencia. Asociamos inevitablemente la palabra duelo con la muerte pero voy a repetir muchas veces en este libro que el proceso de elaboración de un duelo sucede (o mejor dicho sería bueno que sucediera) frente a cualquier pérdida, definiendo como vivencia de pérdida simplemente la situación interna frente a lo que ya no está. Es decir, un duelo puede generarse también a partir de una acción voluntaria, como decidir mudarme o dejar a alguien y también desde hechos ineludibles como el paso del tiempo por ejemplo.

En este camino que es el de las lágrimas se nos presentan también algunos senderos que nos alejan del final. Uno es un supuesto atajo, otro un desvío que conduce a una vía muerta.

Hay muchos rumbos dentro de cada alternativa pero no existe más que un camino saludable, el del proceso de elaboración del duelo normal.

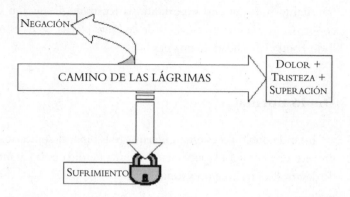

La negación de la pérdida es un intento de autoprotección contra el dolor y contra la fantasía de sufrir. Si bien es cierto que, como veremos, una etapa normal del recorrido puede incluir un momento de bloqueo de la realidad desagradable, lo consideramos un desvío cuando la persona se estanca en esa etapa y sigue negando la pérdida más allá de los primeros días.

La negación es una forma de fuga, un vano intento de huida de lo doloroso. Y digo vano porque la negación nos lleva al punto de partida, no resuelve nuestra pérdida, sólo la posterga y apuesta a que lo podrá hacer eternamente. El negador vive en un mundo de ficción donde lo perdido todavía no se fue, donde el muerto vive, donde lo que pasó nunca pasó. No es el mundo mágico donde todo se resolvió felizmente, sino la realidad detenida en el momento en que todo estaba por comenzar. El universo congelado en el instante anterior a saber lo que hubiera preferido no enterarme.

El desvío hacia el sufrimiento en cambio es la decisión de no seguir avanzando. Es una especie de pacto con la realidad que conjura un mayor dolor o un trato con la vida ante la posibilidad de tener que soltar lo perdido y mi deseo de no soltarlo nunca. Y entonces nos detenemos y nos apegamos a lo que se fue, reconociendo que no está pero instalándonos en el lugar del sufrimiento. Sufrir es cronificar el dolor. Es transformar un momento en un estado; es apegarse al recuerdo de lo que lloro para no dejar de llorarlo, para no olvidarlo, para no renunciar a eso, para no soltarlo sustituyéndolo por mi sufrimiento.

En este sentido el sufrimiento es siempre una enfermiza manera de lealtad con los ausentes. Es como volverse adicto al malestar, es como evitar "lo peor" eligiendo "lo peor de lo peor". El sufrimiento es racional aunque no sea inteligente, induce a la parálisis, es estruendoso, exhibicionista, quiere permanecer y para ello reclama compañía, pero no como consuelo sino porque necesita testigos.

El dolor en cambio es silencioso, solitario, implica aceptación, estar en contacto con lo que sentimos, con la carencia y con el vacío que dejó lo ausente.

El sufrimiento pregunta por qué aunque sabe que ninguna respuesta lo conformará, para el dolor en cambio se acabaron las preguntas.

El proceso de duelo siempre nos deja solos, impotentes, descentrados, responsables y sobre todo tristes.

El dolor es irracional porque conecta con un sentimiento: la tristeza. Una emoción normal y saludable, aunque displacentera porque significa extrañar lo perdido.

Aunque la tristeza puede generar una crisis permite luego que uno vuelva a estar completo, que suceda el cambio, que la vida continúe en todo su esplendor.

La más importante diferencia entre uno y otro es que el dolor siempre tiene un final, en cambio el sufrimiento podría no terminar nunca.

La manera en que el sufrimiento podría perpetuarse es desembocando en una enfermedad llamada comúnmente depresión. Por si no queda suficientemente claro, depresión no es tristeza, y el uso popular indistinto es un gran error y una fuente de dañinos malos entendidos. La depresión **es una enfermedad** de naturaleza psicológica, que si bien incluye un trastorno del estado de ánimo, excede con mucho ese síntoma.

Partiendo del significado de "depresión" como "pozo, hundimiento, agujero, presión hacia abajo o aplastamiento" entenderemos la enfermedad como una disminución energética global que se manifiesta como falta de voluntad, ausencia de iniciativa o falta de ganas de hacer cosas, trabajos, actividades, etc.; en la afectividad se expresa como tristeza, vacío existencial, culpa, sensación de soledad, etc.; en la mente se crea pesimismo, acrecentamiento de pensamientos pesimistas cada vez más dominantes, inseguridad, etc.

Hay que sumar todas las características de una enfermedad para poder diagnosticarla, quiero decir, que una persona se sienta triste, o pesimista, o insegura o se encuentre desganada no necesariamente garantiza que esté deprimida.

El diagnóstico de depresión es competencia del especialista y no de las evaluaciones de las revistas que empiezan en el supuesto Test del estilo de:

"¡Si usted sacó más de 15 puntos está deprimido!".

Entre muchas otras cosas porque también se puede estar deprimido sin padecer ninguno de los síntomas clásicos de la depresión.

Según su causa las depresiones se suelen dividir en externas e internas.

Vamos a hablar solamente de las primeras. Estos cuadros depresivos son desencadenados por definición por hechos del afuera que inciden sobre una posiblemente previa falta de armonía interna.

¿Cuáles son esas causas externas? Las desilusiones afectivas, los conflictos interpersonales, la marginación o aislamiento por parte de otras personas, la jubilación, los problemas económicos, la muerte de un ser querido, un fracaso matrimonial, etc.

Pero como las antedichas situaciones no producen el mismo efecto en todas las personas, comprendemos que las causas externas inmediatas no son suficientes.

En la mayoría de estas depresiones el factor desencadenante aparece para sumarse a otros hechos del paciente, no tan circunstanciales: baja capacidad de frustración, miedos patológicos, preocupaciones prolongadas, pesimismo, tensión nerviosa, fobia social, tendencia al aislamiento y la soledad, personalidad dependiente, fuerte añoranza del pasado, rigidez de pensamiento, y por supuesto duelo patológico.

Los deprimidos tienden a deformar sus experiencias, malinterpretar acontecimientos tomándolos como fracasos personales. Exageran, generalizan y tienden a hacer predicciones negativas del futuro.

Conocer estas causas puede servirnos como ayuda para salir de una depresión o como prevención si no se está en ella, porque la clave para solucionar el problema se encuentra en el nivel de comprensión y por consiguiente de cambio en la forma de encarar estas vivencias, un poco más lejos de su ombligo.

Si el individuo deprimido pudiera mejorar lo que opina de sí mismo, del mundo, de sus propios pensamientos; si no olvidara practicar alguna actividad física y centrara la atención en comunicarse con personas más optimistas y escucharlos atentamente; si escuchara Mozart, asistiera a cursos, desarrollara su creatividad e intentara ser más útil a la sociedad a la que pertenece, podríamos decir sin duda que ha mejorado su pronóstico y por ende su futuro...

Un paso más allá de la depresión podríamos hallar aún a otra enfermedad, también muchas veces invocada sin propiedad: la melancolía.

Ya en 1917 Freud comparaba el duelo con la melancolía, porque en ambos casos existe:

– un estado de ánimo profundamente doloroso,
– una cesación del interés por el mundo exterior,
– la cancelación de la capacidad de amar,
– la inhibición de todas las funciones.

Pero la melancolía coexiste además con la pérdida del sentimiento de sí.

Dicho de otra forma, en el duelo es el mundo el que se muestra empobrecido, mientras que en la melancolía es además el propio yo del sujeto el que está vacío, devaluado, despreciable y aún más lo invade una visión del futuro llena de expectativas negativas a la vez que está seguro de que su sufrimiento continuará indefinidamente.

En el duelo se puede localizar fácilmente qué es lo que se ha perdido, mientras que el melancólico ya no sabe o nunca supo lo que ha perdido, porque lo que ha perdido es su conciencia del propio yo.

De alguna manera los duelos patológicos nos conectan con lo que ocurre en la melancolía: ante la pérdida del objeto el sujeto en lugar de retirar la energía psíquica (libido) depositada en el objeto desaparecido y dejarla libre para desplazarse a otro objeto, se retrotrae al yo y ahí se queda, identificándose con el objeto perdido.

Freud dice que la angustia es la reacción ante el peligro que supone para la integridad del sujeto la pérdida del objeto, mientras que el dolor y la tristeza son la verdadera reacción ante el examen de realidad que me priva de algo.

Cada tipo de pérdida implica experimentar algún tipo de privación y las reacciones suelen ser en varias áreas:

• psicológicas
• físicas
• sociales
• emocionales
• espirituales

Las reacciones psicológicas pueden incluir rabia, culpa, ansiedad o miedo.

Las reacciones físicas incluyen dificultad al dormir, cambio en el apetito, quejas somáticas o enfermedades.

Las reacciones de tipo social incluyen los sentimientos experimentados al tener que cuidar de otros en la familia, el deseo de ver o no a determinados amigos o familiares, o el deseo de regresar al trabajo.

Las reacciones emocionales pueden redundar en extrañar, recordar, llorar o patalear como un niño.

Las reacciones espirituales pueden ir desde el cuestionamiento de la fe, la búsqueda de nuevos referentes religiosos, el ingreso a vivencias de búsquedas mágicas de contacto con el pasado.

La respuesta cultural en el caso de la muerte de alguien, por ejemplo, es diferente en cada tiempo y en cada lugar.

Hay reglas, costumbres y rituales para enfrentar la pérdida de un ser querido que son determinadas por la sociedad y que forman parte integral de la ceremonia del duelo.

Pero a pesar de las diferencias en cualquier entorno el proceso de duelo normal induce a liberarse de algunos lazos con la persona fallecida, lo cual es indispensable para reintegrar al que queda al ambiente en donde la persona ya no está y construir nuevas relaciones para conseguir reajustarse a la vida normal.

Esta actividad requiere mucha energía física y emocional, y es común ver personas que experimentan una fatiga abrumadora. Este agotamiento no debe caratularse de depresión sino muchas veces de los efectos transitorios de un duelo normal.

El resultado de afrontar el dolor

Cuesta trabajo poder soltar aquello que uno ya no tiene; poder desligarse y empezar a pensar en lo que sigue. De hecho esto es, para mí, el peor de los desafíos que implica ser un adulto sano, saber que puedo afrontar la pérdida de cualquier cosa.

Éste es el coraje, ésta es la fortaleza de la madurez, saber que puedo afrontar todo lo que me pase, inclusive puedo afrontar la idea de que alguna vez yo mismo no voy a estar.

Quizás pueda, por el camino de entender lo transitorio de todos mis vínculos, aceptar también algunas de las cosas que son las más difíciles de aceptar, que no soy infinito, que hay un tiempo para mi paso por este lugar y por este espacio.

Cuentan que había una vez un hombre que fue a visitar a un rabino muy famoso, para hacerle una consulta religiosa.

Cuando entró en la casa vio que estaba totalmente vacía. Sólo había dos banquetas, un colchón tirado en el piso y una mesa muy rudimentaria.

El visitante hizo la consulta y después le preguntó al rabino:

—Perdón, rabino, ¿dónde están sus muebles?

Y el rabino le dijo:

—¿Dónde están los tuyos?

El hombre contestó:

—Yo no soy de esta ciudad, estoy aquí de paso.

—Yo también estoy de paso —dijo el rabino.

Me parece que vivimos en un mundo de adquisiciones y de posesiones a las cuales nos quedamos agarrados; que vivimos en un mundo donde a principios del siglo pasado la sociedad industrial nos prometió algo que en realidad nunca pudo cumplir y que quizá nosotros no nos enteramos, nos prometió que si nosotros podíamos satisfacer todos nuestros deseos íbamos a ser felices. Nos prometió que si podíamos comprar todo lo que quisiéramos, entonces íbamos a estar bien y no íbamos a sufrir y todo lo demás. Nos mintieron. Era mentira, ¿saben? Era mentira. La historia demostró que eso era una mentira.

Capítulo 4. ¿Qué es el duelo?

…Y el Principito dijo:
—Bien… Eso es todo.
Vaciló aun un momento; luego se levantó y dio un
paso… No gritó. Cayó suavemente, como cae un
árbol en la arena. Ni siquiera hizo ruido.
Y ahora, por cierto, han pasado ya seis años… Me
he consolado un poco porque sé que verdaderamente
volvió a su planeta, pues al nacer el día no encontré
su cuerpo. Desde entonces, por las noches, me gusta
oír las estrellas; son como quinientos millones de
cascabeles…

Antoine de Saint-Exupéry
El Principito

Con todo lo hablado hasta aquí, estamos en condiciones de definir el concepto de duelo, dejando fuera de nuestras descripciones y definiciones al llamado duelo patológico, con el que nos meteremos más adelante.

**El duelo es el doloroso proceso normal
de elaboración de una pérdida, tendiente a la
adaptación y armonización de nuestra situación
interna y externa frente a una nueva realidad.**

Elaborar el duelo significa, pues, ponerse en contacto con el vacío que ha dejado la pérdida de lo que no está, valorar su importancia y traspasar el dolor y la frustración que comporta su ausencia.

Convencionalmente podríamos decir que un duelo se ha completado cuando somos capaces de recordar lo perdido sintiendo poco o ningún dolor, cuando hemos aprendido a vivir sin él, sin ella, sin eso que no está. Cuando hemos dejado de vivir en el pasado y podemos invertir de nuevo toda nuestra energía en nuestra vida presente y en los vivos a nuestro alrededor.

Éstas son algunas de las sensaciones corporales que sienten los que están de duelo. Es el llamado duelo del cuerpo.

- Insomnio
- Palpitaciones
- Opresión en la garganta
- Dolor en la nuca
- Temblores
- Nudo en el estómago
- Dolor de cabeza
- Punzadas en el pecho
- Pérdida de apetito
- Náuseas
- Fatiga
- Sensación de falta de aire
- Pérdida de fuerza
- Visión borrosa
- Dolor de espalda
- Hipersensibilidad al ruido
- Dificultad para tragar

– Oleadas de calor

No es de extrañar que algunas personas que conviven con muchos o todos estos síntomas se sientan un poco desquiciadas. Sentimiento que se vuelve compartido con los demás cuando éstos ven al que está de duelo llorando desconsolado, de pronto y sin ningún disparador del afuera, suspirando con la mirada perdida, llamando al ser querido que ya no está, buscando estar solo pero quejándose de la soledad en la que se encuentra, alternando noches de casi no dormir con otras de no poder despertarse, distraído y olvidadizo, contando sus pesadillas, desinteresado por su sexualidad y de casi todas las cosas, aunque a veces y sin ningún compromiso con lo que hacen, no paren de hacer cosas y cosas y cosas...

Recomendaciones para recorrer el camino de las lágrimas (y sobrevivir)

El pesar oculto, como un horno cerrado,
quema el corazón hasta reducirlo en cenizas.

W. SHAKESPEARE

Los dos decálogos

Los diez SÍ

1. PERMISO

Date el permiso de sentirte mal, necesitado, vulnerable...
Podés pensar que es mejor no sentir el dolor, o evitarlo con distracciones y ocupaciones, pero de todas maneras, con el tiem-

po, lo más probable es que el dolor salga a la superficie. Mejor es ahora.

Aceptá que posiblemente no estés demasiado interesado en tu trabajo ni en lo que pasa con tus amistades durante un tiempo pero metete en el duelo con todas sus consecuencias. Tu vida será diferente mientras recorrés este camino, muy probablemente tendrás que cambiar transitoriamente algunos hábitos, seguramente te sientas vacío...

Permitite sentir el dolor plenamente porque el permiso es el primer paso de este camino y ningún camino se termina si antes no se comienza a recorrerlo.

2. CONFIANZA

Confiá en tus recursos para salir adelante. Acordate de cómo resolviste anteriores situaciones difíciles de tu vida.

Si querés sanar tu herida, si no querés cargar tu mochila con el peso muerto de lo perdido, no basta pues con esperar a que todo se pase o con seguir viviendo como si nada hubiera pasado. Necesitás dar algunos pasos difíciles para recuperarte. No existen atajos en el camino de las lágrimas.

Vas a vivir momentos duros y emociones displacenteras intensas en un momento en el que estás muy vulnerable. No te exijas entonces demasiado. Respetá tu propio ritmo de curación y creéme cuando te digo esto: estás en condiciones de afrontar lo que sigue, porque si estás en el camino, lo peor ya ha pasado.

Confiá en vos por encima de todas las dificultades, y si lo hacés te garantizo que no te defraudarás. El pensamiento positivo te transforma siempre en tu propio entrenador, tanto más en el desafío de un duelo.

3. Nuevos ojos. Nuevas puertas

Estamos a veces tan cegados por nuestra propia cólera, dolor, o desgano que no vemos las "nuevas puertas" que se abren.

Todos hemos oído la frase: "Cuando una puerta se cierra, otra se nos abre". Creo que es verdad; pero sucede que a veces no estamos dispuestos a dar vuelta al picaporte.

Es fácil pensar: "¿Qué de bueno podría venir de esta pérdida?" y sin embargo cada día oímos historias de la gente que ha superado batallas físicas, mentales y emocionales para alcanzar, contra todas las probabilidades, objetivos impensados. Leé sobre algunos "milagros médicos" y vas a tener una buena idea de lo que hablo. Leé la vida de Helen Keller y no vas a tener ninguna duda.

4. Aceptación

Aunque sea la cosa más difícil que hagas en toda tu vida, ahora tenés que aceptar esta dura realidad: estás en el camino de las lágrimas y no hay retorno. El camino sólo sigue hacia adelante. Mientras creas en algún pequeño lugarcito que el otro volverá, que la situación va a volver a ser la que era, que el muerto va a regresar, nunca terminarás el recorrido.

La muerte siempre llega, demasiado tarde o demasiado temprano; siempre es un mal momento para que la gente se muera.

Hablar de tu pérdida, contar las circunstancias de la muerte, visitar el cementerio o el lugar donde se esparcieron los restos, todo puede ayudar, poco a poco, a ir aceptando el hecho de la pérdida. De hecho, si existe una remota posibilidad de que la pérdida no sea definitiva, deberás elegir entre seguir esperando y no recorrer el camino o decidir que es definitiva aunque los hechos permitan una tenue esperanza. De todas maneras no te dañará haber recorrido el camino si lo que diste por perdido aparece, pero puede dañarte mucho más seguir esperando lo que nunca sucederá. De hecho todos sabemos cuánto más difícil es aceptar la pérdida de un ser querido si nunca pudiste ver el cadáver o nunca se recuperó.

Es una gran tentación quedarse refugiado en la idea de que desde el cielo el otro está y me cuida. No tiene nada de malo la creencia religiosa de cada uno, al contrario, es un excelente aliado, pero cuidado con utilizarla para minimizar su desaparición física. Cuidado con llegar a creer que entonces no necesito hacer el duelo.

5. Conexión con la vida

Llega un momento en que sabés que es necesario soltar el pasado. La vida te espera llena de nuevas posibilidades.

No hay nada malo en querer disfrutar, en querer ser feliz, en querer establecer nuevas relaciones… En el caso de la pérdida de una pareja, no hay motivo para avergonzarse si aparece de nuevo el deseo sexual. En realidad, el corazón herido cicatriza abriéndose a los demás. El duelo es establecer que lo muerto queda afuera pero mi vida continúa.

Una adolescente escribió a su madre después de perder a su padre: "Me doy cuenta de que mis amigos también necesitan de mi amor y yo el de ellos; y eso no significa que ya no recuerde o no siga amando a mi papá".

6. Gratitud

Es necesario valorar las cosas buenas que seguimos encontrando en nuestra vida en esta situación de catástrofe y sentirnos agradecidos por su presencia. Sobre todo, algunos vínculos que permanecen (familiares, amigos, pareja, sacerdote, terapeutas) aceptadores de mi confusión, de mi dolor, de mis dudas y seguramente de mis momentos más oscuros. Todo sería mucho más difícil sin ellos. Para cada persona lo que hay que agradecer es diferente: seguridad, contención, presencia y hasta silencio.

7. Las tres D: mucho Descanso, algo de Disfrute y una pizca de Diversión

Date permiso para sentirte bien, reír con los amigos, hacer bromas. Es tu derecho y además será de gran ayuda que busques sin forzar tu propio ritmo momentos para disfrutar. Recordá que hasta el ser querido que no está, querría lo mejor para vos. Los malos momentos vienen por sí solos, pero es voluntaria la construcción de buenos momentos. Empecemos por saber con certeza que hay una vida después de una pérdida, prestemos atención a los signos, señales y oportunidades a nuestro alrededor. No las uses si no tenés ganas pero no dejes de registrarlas.

8. Aprendizaje

Hacer el duelo significa también aprender a vivir sin algo, sin alguien, de otra forma.

Es aprender a tomar nuevas decisiones por vos mismo, aprender a desempeñar tareas que antes hacía otro, aprender nuevas formas de relación con la familia y amigos, aprender a vivir con algo menos. A veces este aprendizaje no incluye a otros, el duelo es aprender a vivir sin esa capacidad que he perdido. La experiencia es muchas veces un maestro muy cruel. Empezá tu vida de "nuevo". No otra vez.

9. DEFINICIONES

La idea de qué significa morirse es tan teórica que vivencialmente puede ser diferente para cada uno. Lo que importa no es coincidir en una posición respecto a la muerte sino establecer que es una de las cosas que cada uno tiene que tener definidas. Hay muchas cosas que se pueden tener sin resolver pero hay cuatro o cinco que es necesario tener "acomodadas":
 – la identidad sexual
 – la posición filosófica
 – la relación con sus viejos
 – el proyecto de vida
 – y una postura frente a la muerte
¿Qué sucede después de la muerte? ¿Cómo lo vamos a saber si nadie lo sabe?

No importa cuál sea su postura les puedo asegurar que después de la muerte va a pasar lo que ustedes creen que va a pasar.

En el fondo lo mismo da.

Si ustedes creen que se van a reencarnar, está bien, si creen que se van al cielo o al infierno, está bien, si ustedes creen que no hay nada más, está bien. Lo que sea que crean, está bien. Pero tienen que tener una posición tomada.

Le preguntaron a Woody Allen, una vez, si él creía que había vida después de la muerte. Allen contestó que no sabía, que estaba muy ocupado tratando de saber si podía vivir un poco antes de morir.

10. COMPARTIR LO APRENDIDO

Cuando tengas una parte del camino recorrida, hablales a otros sobre tu experiencia. Enseñales a otros que no minimicen la pérdida, ni menosprecien el camino. Contar lo que aprendiste en tu experiencia es la mejor ayuda para sanar a otros haciéndoles más fácil su propio recorrido e increíblemente facilita tu propio rumbo.

Los diez NO

1. ESCONDERSE

Nunca cierres tu corazón al dolor. Registrá y expresá las emociones que surjan, no las reprimas.

No te hagas el fuerte, no te guardes todo para adentro. Con el tiempo el dolor irá disminuyendo. Si hay algo que opera siempre aliviando el trayecto es justamente encontrar la forma y darse el permiso de sentir y expresar el dolor, la tristeza, la rabia, el miedo por lo perdido. Recorrer el camino de punta a punta es condición para cerrar y sanar las heridas. Y este camino se llama el camino de las lágrimas. Permitite el llanto. Te merecés el derecho de llorar cuanto sientas. Posiblemente sufriste un golpe brutal, la vida te sorprendió, los demás no supieron entender, el otro partió dejándote solo. Nada más pertinente que volver a nuestra vieja capacidad de llorar nuestra pena, de berrear nuestro dolor, de moquear nuestra impotencia. No escondas tu dolor. Compartí lo que te está pasando con tu familia, amigos de confianza… Llorar es tan exclusivamente humano como reír. El llanto actúa como una válvula liberadora de la enorme tensión interna que produce la pérdida. Podemos hacerlo solos si ésa es nuestra elección, o con nuestros compañeros de ruta para compartir su dolor, que no es otro que nuestro mismo dolor. Cuando las penas se comparten su peso se divide. Cuando el alma te duele desde adentro no hay mejor estrategia que el llorar.

No te guardes todo por miedo a cansar o molestar. Buscá a aquellas personas con las cuales podés expresarte tal y como estás. Nada es más impertinente y perverso que interrumpir tu emoción con tus estúpidos condicionamientos de tu supuesta fortaleza protectora del prójimo.

2. DESCUIDO

Muchos de los que recorren el camino están tan ocupados en su proceso interno, están tan atentos a su sentir penoso que no prestan atención a su propio cuerpo. Pasados los primeros días puede resultar muy útil que decidas por unas semanas imponerte un horario de levantarte, un horario para las comidas, una hora de acostarte… y lo sigas. Alimentate bien y no abuses del tabaco, del alcohol, ni de los medicamentos. De hecho si para ayudarte en estos momentos fuera necesario tomar algún medicamento, deberá ser siempre a criterio de un médico y nunca por los consejos de familiares, amigos y vecinos bien intencionados. De todas maneras es bueno no deambular "buscando" el profesional que acepte recetar los psicofármacos para "no sentir", porque lejos de ayudar pueden contribuir a cronificar el duelo.

3. No te apures

Recorrer el camino requiere tiempo y dicen que el tiempo lo cura todo.

Pero cuidado que el tiempo solo quizá no alcance.

Lo que realmente puede ayudar es lo que cada uno hace con el tiempo.

No te hagas expectativas mágicas. Estate preparado para las recaídas. Un suceso inesperado, una visita, el aniversario, la navidad te vuelven al principio, es así.

No podés llorar hoy lo de mañana, ni seguir llorando lo de ayer. Para hoy es tu llanto de hoy, para mañana el de mañana.

¿Estás utilizando este día para aceptar que estás de duelo, para reconocer que lo perdido ha muerto y no lo vas a recuperar?

¿Estás utilizando el día de hoy para sentir tus emociones intensamente y para expresar el dolor que supone esta pérdida?

¿Estás utilizando este día para aprender a vivir sin esa persona querida?

¿Estás utilizando el día para volver a centrarte en vos mismo?

Viví solamente un día cada día.

4. Olvidar la fe

Algunas cosas simplemente no son para ser manejadas por uno solo. Incluso toda la ayuda que podés tener puede no proporcionar la comodidad que realmente se necesita para sostener lo que sucedió.

Muchas personas encuentran que llevar estos problemas a Dios es una manera tranquilizadora de aligerar la carga que hace que el corazón les pese.

Después del primer momento donde la furia tiene a Dios como uno de sus destinatarios favoritos, es útil regresar a la iglesia, al templo, a la charla con el sacerdote o el pastor.

Es el momento de aprender a no pedir que las cosas se resuelvan de la manera que quisiéramos que resultaran, sino pedir en su lugar que Dios nos ayude a aceptar los cambios y nos ayude a ver las opciones.

5. Autoexigencia

No te maltrates. Aunque las emociones que estás viviendo sean muy intensas y displacenteras (y seguramente lo son) es importante no olvidar que son siempre pasajeras... Uno de los momentos más difíciles del duelo suele presentarse después de algunos meses de la pérdida cuando los demás comienzan a decirte que ya tendrías que haberte recuperado. Sé paciente. No te apures. Respetá tus formas, tus tiempos y tus espacios. Jamás te persigas creyendo que ya deberías sentirte mejor. Tus tiempos son tuyos. Recordá que el peor enemigo en el duelo es no quererse.

6. El miedo de volverse loco

Todos podemos vivir sentimientos intensos de respuesta a la situación de duelo sin que esto te lleve a ningún desequilibrio.

La tristeza, la bronca, la culpa, la confusión, el abatimiento y hasta la fantasía de morir son reacciones habituales y comunes a la mayoría de las personas después de una pérdida importante o de la muerte de un ser querido.

Necesitás sentir el dolor y todas las emociones que le acompañan: tristeza, rabia, miedo, culpa… Habrá personas que te dirán: "Tenés que ser fuerte". No les hagas caso. No tenés que ser nada ni dejar de ser nada. No tenés que dar explicaciones ni pedir permisos, ni sentirte en falta por no ser del todo coherente en algunos instantes.

Tu alma ha sido mutilada y hoy resiente de lo que le falta.

7. Perder la paciencia

A pesar de lo anterior, debo decirte que no seas exigente con los demás.

Ignorá los intentos de algunas personas de decirte cómo tenés que sentirte y por cuánto tiempo, no todos comprenden lo que estás viviendo. Amorosamente intentarán hacer que te olvides de tu dolor, lo hacen con buenas intenciones, para no verte triste, teneles paciencia pero no te ocupes de complacerlos. Más bien apartate un poco gentilmente y buscá a quienes puedan permitirte "estar mal" o desahogarte sin miedo cuando lo sentís así. De todas maneras quizá sea mejor que durante un tiempo prestes más atención a la intención de quienes te rodean más que lo que dicen en palabras. A veces los que uno pensaba que serían los mejores compañeros de ruta no pueden compartir tu momento. Soportan tan mal el dolor ajeno que interrumpen tu proceso y retrasan tu paso hacia el final del camino. De todas maneras una vez más no te fastidies con ellos por eso.

8. Autosuficiencia

No dejes de pedir ayuda. No interrumpas tu conexión con los otros, aunque ellos no estén hoy recorriendo este camino. Necesitás su presencia, su apoyo, su pensamiento, su atención. Dale la oportunidad a tus amigos y seres queridos de estar cerca. Todos los que te quieren desearían ayudarte, aunque la mayoría no sabe cómo hacerlo. Algunos tienen miedo de ser entrometidos. Otros creen que te lastiman si te recuerdan tu pérdida. Necesitás que te escuchen, no que te den su opinión de lo que deberías hacer, sentir o decidir. No te quedes esperando su ayuda y mucho menos pretendiendo que adivinen. Pedí lo que necesitás. No es más sabio ni más evolucionado el que no precisa ayuda, sino el que tiene conciencia y valor para pedirla cuando la necesita.

9. No tomes decisiones importantes

Decisiones como vender la casa, dejar el trabajo, o mudarte a otro lugar, aparecen como muy tentadoras en los primeros tramos del recorrido. Calma. Éstas son decisiones trascendentes que se deben tomar en momentos de suma claridad y no mientras nos inunda un cierto grado de confusión inevitable. La mayor parte de las veces nada se pierde y hasta es preferible dejar este tipo de cosas para un poco más adelante.

Con el mismo razonamiento sobre todo en los primeros tiempos inmediatos a la pérdida no parece conveniente iniciar una nueva pareja, decidir un embarazo, acelerar un casamiento. Podríamos lamentarlo después.

Hay urgencias que no se pueden postergar, pero conviene respetar la norma de no cruzar los puentes antes de llegar a ellos.

10. El olvido

No intentes olvidar lo que pasó, al contrario. Recordalo. Sin morbosidad pero sin escapismos.

El proceso de duelo permite buscar, para tu ser querido, el lugar que merece entre los tesoros de tu corazón.

Es poder pensar en él, y no sentir ya ese latigazo de dolor.

Es recordarlo con ternura y sentir que el tiempo que compartiste con él o con ella fue un gran regalo.

Y esto es cierto para todas las pérdidas. La elaboración permite darle un sentido a todo lo que has vivido hasta aquí con lo ausente.

Es entender con el corazón en la mano que el amor no se acaba con la muerte.

En cierto modo, nunca volverás a estar como antes de una pérdida significativa, porque ésta inevitablemente te cambia, pero podés elegir si ese cambio será para mejor.

Quiero terminar este capítulo con un cuento...

Un pescador va todas las noches hasta la playa para tirar su red; sabe que cuando el sol sale, los peces vienen a la playa a comer almejas, por eso siempre coloca su red antes de que amanezca.

Tiene una casita en la playa y baja muy de noche con la red al hombro.

Con los pies descalzos y la red medio desplegada entra en el agua.

La noche de la cual habla el cuento, cuando está entrando siente que su pie golpea contra algo muy duro en el fondo.

Toquetea y ve que es algo duro, como unas piedras envueltas en una bolsa.

Le da bronca y piensa "quién es el tarado que tira estas cosas en la playa". Y se corrige "en mi playa".

"Y encima yo soy tan distraído, que cada vez que entre me las voy a llevar por delante...". Así que deja de tender la red, se agacha, agarra la bolsa y la saca del agua. La deja en la orilla y se mete con la red adentro del agua.

Está todo muy oscuro, y quizá por eso, cuando vuelve, otra vez se lleva por delante la bolsa con las piedras, ahora en la playa.

Y piensa "soy un tarado".

Así que saca su cuchillo y abre la bolsa y tantea. Hay unas cuantas piedras del tamaño de pequeños pomelos pesados y redondeados.

El pescador vuelve a pensar "quién será el idiota que embolsa piedras para tirarlas al agua".

Instintivamente toma una, la sopesa en sus manos y la arroja al mar.

Unos segundos después siente el ruido de la piedra que se hunde a lo lejos. ¡Plup!

Entonces mete la mano otra vez y tira otra piedra. Nuevamente escucha el ¡plup!

Y tira esta para el otro lado, ¡plaf! Y luego lanza dos a la vez y siente ¡plup-plup! Y trata de tirarlas más lejos y de espaldas y con toda la fuerza, ¡plup-plaf!...

Y se entretiene, escuchando los diferentes sonidos, calculando el tiempo y probando de a dos, de a una, a ojos cerrados, de a tres... tira y tira las piedras al mar.

Hasta que el sol empieza a salir.

El pescador palpa y toca una sola piedra adentro de la bolsa.

Entonces se prepara para tirarla más lejos que las demás, porque es la última y porque el sol ya sale.

Y cuando estira el brazo hacia atrás para darle fuerza al lanzamiento el sol empieza a alumbrar y él ve que en la piedra hay un brillo dorado y metálico que le llama la atención.

El pescador detiene el impulso para arrojarla y la mira. La piedra refleja el sol entre el moho que la recubre. El hombre la frota como si fuera una manzana, contra su ropa, y la piedra empieza a brillar más todavía. Asombrado la toca y se da cuenta de que es metálica. Entonces empieza a frotarla y a limpiarla con arena y con su camisa, y se da cuenta de que la piedra es de oro puro. Una piedra de oro macizo del tamaño de un pomelo. Y su alegría se borra cuando piensa que esta piedra es seguramente igual a las otras que tiró.

Y piensa "qué tonto he sido".

Tuvo entre sus manos una bolsa llena de piedras de oro y las fue tirando fascinado por el sonido estúpido de las piedras al entrar al agua. Y empieza a lamentarse y a llorar y a dolerse por las piedras perdidas y piensa que es un desgraciado, que es un pobre tipo, que es un tarado, un idiota…

Y empieza a pensar si entrara y se consiguiera un traje de buzo y si fuera por abajo del mar, si fuera de día, si trajera un equipo de buzos para buscarlas, y llora más todavía mientras se lamenta a los gritos…

El sol termina de salir.

Y él se da cuenta de que todavía tiene la piedra, se da cuenta de que el sol podría haber tardado un segundo más o él podría haber tirado la piedra más rápido, de que podría no haberse enterado nunca del tesoro que tiene entre las manos.

Se da cuenta finalmente de que tiene un tesoro, y de que este tesoro es en sí mismo una fortuna enorme para un pescador como él.

Y se da cuenta de la suerte que significa poder tener el tesoro que todavía tiene.

Ojalá pudiéramos ser siempre tan sabios como para no llorar por aquellas piedras que quizá desprevenidamente desperdiciamos, por aquellas cosas que el mar se llevó y tapó y estuviéramos, de verdad, preparados para ver el brillo de las piedras que tenemos y dispuestos a disfrutar de ellas por el resto de nuestra vida.

Capítulo 5. Etapas del camino

Imaginemos que alguien se lastima. Supongamos un joven sano jugando al fútbol descalzo con sus amigos en un campo. Corriendo un pase para meter un gol pisa un lugar donde hay algo filoso, una piedra, un pedazo de vidrio, una lata vacía y se lastima. El joven sigue corriendo, alcanza la pelota y a pesar del dolor que siente al afirmar el pie para patear le pega a la pelota con toda su fuerza venciendo al arquero y ganando el partido. Todos festejan y él se sienta en el pasto, se mira, y se da cuenta de que sangra, ve el pequeño tajo que se hizo en la planta del pie cerca del talón.

¿Cuál sería la evolución normal y saludable para esta herida? ¿Cómo son las etapas por las que va a pasar esta herida?

Tal como vimos, muchas veces, en un primer momento parece un accidente sin importancia y todo continúa como si no pasara nada. El muchacho sigue corriendo la pelota, la señora sigue cortando el pan con el cuchillo filoso y el carpintero no nota que se lastimó hasta que una gota de sangre mancha la madera. En ese instante, muchas veces ni siquiera hay sangre, el cuerpo hace una vasoconstricción, achica el calibre de los vasos sanguíneos, inhibe los estímulos nerviosos, y establece un período de *impasse*, un mecanismo de defensa más fugaz cuanto mayor sea la herida. Inmediatamente aparece el dolor agudo, intenso y breve, a veces desmedido, que es la primera respuesta concreta del cuerpo que avisa que algo realmente ha pasado.

Y después, la sangre, que brota de la herida en proporción al daño de los tejidos.

La sangre sigue saliendo hasta que el cuerpo naturalmente detiene la hemorragia. En la herida se produce un tapón de fibrina, plaquetas y glóbulos: el coágulo, que sirve entre otras cosas para que la herida no siga sangrando.

Cuando está el coágulo hecho, empieza la etapa más larga del proceso. El coágulo se retrae, se seca, se arruga, se vuelve duro y se mete para adentro. El coágulo se transforma en lo que vulgarmente llamamos "la cascarita".

Pasado un tiempo los tejidos nuevos que se están reconstruyendo de lo profundo a lo superficial empujan "la cascarita" y la desplazan hacia fuera hasta que se desprende y cae.

La herida de alguna manera ya no duele, ya no sangra, está curada; pero queda la marca del proceso vivido: la cicatriz.

Etapas de sanación de una herida normal
1. Vasoconstricción
2. Dolor agudo
3. Sangrado
4. Coágulo
5. Retracción del coágulo
6. Reconstrucción tisular
7. Cicatriz

Éste es más o menos el proceso evolutivo normal de una herida cortante. Si algo de esto no sucede algo puede estar funcionando mal. Quiero decir si un paciente, ante una herida cortante más o menos importante no sangra, está mal. Uno podría pensar "mirá qué suerte, no perdió sangre", no es suerte, el tipo está en shock, y podría morir.

Y por supuesto cuanto más grande la herida más larga, más tediosa y más peligrosa es cada etapa. Siempre es así, cuanto más grande es la herida, más tarda en cicatrizar y más riesgo hay de que algo se complique en algún momento de la evolución. Si nos estancamos en cualquiera de estas etapas siempre vamos a tener problemas.

De todas maneras no traigo esto para explicar cómo evoluciona una herida cortante sino porque hace poco me sorprendí al darme cuenta de la enorme correspondencia que existe entre las etapas que cada uno puede deducir por su propia experiencia con lastimaduras y la situación aparentemente compleja de elaborar un duelo.

Un duelo es como hemos dicho la respuesta normal a un estímulo, una herida que llamamos pérdida. Porque la muerte de un ser querido es una herida, dejar la casa paterna es una herida, irse a vivir a otro país es una herida, romper un matrimonio es una herida. Cada pérdida funciona, en efecto, como una interrupción en la continuidad de lo cotidiano, como una cortadura es una interrupción en la integridad de la piel.

Si entendimos cómo sana una herida, vamos a tratar de deducir juntos qué pasa con la elaboración de un duelo. Por esta coherencia del ser humano veremos que los pasos que sigue la sanación emocional son básicamente los mismos, no se llaman igual, pero como vamos a ver, con un poco de suerte, quizá resulten equivalentes. Vamos a tomar como ejemplo de pérdida la situación de muerte de un ser querido.

Cuando nos enteramos de la muerte de alguien muy querido lo primero que sucede es que decimos "no puede ser".

Negación y cuestionamiento

Pensamos que debe ser un error, que no puede ser, decimos internamente que no, pensamos que es demasiado pronto, que no estaba previsto, que en realidad si estaba todo bien...

Esta primera etapa se llama la etapa de la incredulidad.

Y aunque la muerte sea una muerte anunciada, de todas maneras hay un momento donde la noticia te produce un *shock*. Hay un *impasse*, un momento donde no hay ni dolor, la sorpresa y el impacto te llevan a un proceso de confusión donde vos no entendés lo que te están diciendo. Por supuesto que cuanto más imprevista, más inesperada sea la muerte, cuanto más asombrosa sea la situación, más profunda será la confusión, más importante será el tiempo de incredulidad y más durará.

Esto tiene un sentido y es el mismo que tiene en la herida la situación de *impasse*, "economizar" la respuesta cicatrizadora. Si el suceso no tiene importancia y es algo que va a pasar rápidamente el cuerpo se protege; bien, la psiquis también se protege hasta evaluar, por si acaso, por si fue un error, por si acaso haya entendido mal, se protege desconfiando de la realidad, entrando en una confusión para permitirnos la distancia de esta situación.

Ya vimos que hay un ciclo de experiencia, de la retirada al contacto. No se puede pasar directamente de la percepción a la acción o de la percepción al contacto, va a tener que existir un proceso, va tener que pasar un tiempo. Y este tiempo que hace falta se logra forzando mediante este pequeño congelamiento del *shock*, la no-respuesta.

Así que en un principio, la persona va a tener un momento donde va a estar absolutamente paralizada en su emoción, en su percepción, en su vivencia, y lo que va a tener es un momento de negación, de desconfianza, un tiempo de *impasse* entre la parálisis y el deseo de salir corriendo hacia un lugar donde esto no esté pasando, la fantasía de despertar y que todo sea nada más que un sueño.

Esta etapa puede ser un momento, unos minutos, unas horas o días como sucede en el duelo normal o puede volverse una negación feroz y brutal. En los chicos esta historia funciona a veces con un rigor absoluto; y mientras el mundo y su familia están evolucionando el niño está como si no hubiera pasado nada, está paralizado en esta situación, en realidad negando todo lo acontecido porque no sabe por dónde metabolizarlo. A veces pasa, en medio de un velatorio, con niños que tienen diez, doce, quince años y a veces más; uno piensa que deberían ser totalmente conscientes de lo que está pasando, pero están como si nada, y uno pregunta:

"¿No quería a su abuelo, a su madre, a su hermano?".

Y la familia contesta:

"Lo quería muchísimo, estamos todos muy sorprendidos".

Están en la etapa de la incredulidad. A veces en situación de negación patológica y muchas otras en una normal respuesta de defensa frente a lo terrible, un intento no demasiado consciente de NO enloquecer.

La llamo de negación con fines didácticos aunque en realidad en este momento lo fundamental no es negación sino un estado confusional. La persona en cuestión no entiende nada, no sabe nada de lo que pasa y aunque aparezca a veces muy conectado no tiene cabal registro de lo que está sucediendo.

Cuando se consigue traspasar esa etapa de incredulidad entonces no tenemos más remedio que conectarnos con el agudo dolor del darnos cuenta. Y el dolor de la muerte de un ser querido en esta etapa es como si nos alcanzara un rayo. Después de todos nuestros intentos para ignorar la situación, de pronto nos invade toda la conciencia junta de que el otro murió. Y entonces la situación nos desborda, nos tapa, de repente el golpe emocional tan grande desemboca en una brusca explosión.
Esta explosión dolorosa es la segunda etapa del duelo normal y se llama "regresión".
¿Y por qué la llamamos "regresión"?
Porque lo que en los hechos sucede es que uno llora como un chico, uno patalea, uno grita desgarradoramente, demostraciones para nada racionales del dolor y absolutamente desmedidas. Actuamos como si tuviéramos cuatro o cinco años. No hay palabras concretas, no decimos cosas que tengan sentido, lo único que hacemos es instalarnos en estado continuo de explosión emocional. Intentar razonar con nosotros en ese momento es tan inútil como sería intentar explicarle a un niño de cuatro añitos por qué su ranita fue aplastada por el auto.

En esta etapa tampoco hay ninguna posibilidad de que quien está de duelo nos escuche. El de la primera etapa porque estaba en *shock* por la noticia, negando, evitando y confundido, este otro porque está desbordado por sus emociones, absolutamente capturado por sus aspectos más primarios, sin ninguna posibilidad de conectarse, en pleno dolor irracional.

Así como en la herida física no me di cuenta y de pronto fue el dolor que me avisó.

De repente al saber por qué me dolía empecé a sangrar.

Así, cuando las emociones desbordadas empiezan a salir para afuera, empiezo a sangrar.

Y la sangre que sale no es la de la tristeza, porque el primer sangrado, la tercera etapa, la que empieza tras tener conciencia de lo que pasó se llama la etapa de la furia.

Ya he llorado, ya he gritado, ya he moqueado, ya me arrastré por el piso, ya hice todo lo irracional que me conectaba al dolor infinito, ya intenté negar lo que pasaba y ahora irremediablemente, a veces más rápido y otras más lento, a veces más tiempo y a veces menos, llega un momento de furia.

Furia es bronca, mucha, mucha, mucha bronca. A veces muy manifiesta como bronca y otras veces disimulada, pero siempre hay un momento en el que nos enojamos.

¿Con quién? Depende.

A veces nos enojamos con aquellos que consideramos responsables de la muerte: los médicos que no lo salvaron, el tipo que manejaba el camión con el que chocó, el piloto del avión que se cayó, la compañía aérea, el señor que le vendió el departamento que se incendió, la máquina que se rompió, el ascensor que se cayó, etc., etc. Nos enojamos con todos para poder pensar que tiene que haber alguien a quien responsabilizar de todo esto.

O nos enojamos con Dios. Si no encontramos a nadie o aún encontrándolo nos ponemos furiosos con Dios.

O quizá nos enojamos con la vida, literalmente con la vida, con la circunstancia, con el destino. Y empezamos a putear y reputear la vida que nos arrebata al ser querido.

Lo cierto es que con Dios, con la vida, con vos mismo, con el otro, con el más allá, con alguien, siempre hay un instante en el que conectamos con la furia. Ahora con éste y después con aquel otro.

O no. En lugar de eso o además de eso nos enojamos con el que se murió. Nos ponemos furiosos porque nos abandonó, porque se fue, porque no está, porque nos dejó justo ahora, porque se muere en el momento que no era el adecuado, porque no estábamos preparados, porque no queríamos, porque nos duele, porque nos molesta, porque nos fastidia, porque nos complica, porque nos jode, porque nos caga, porque, porque, porque, sobre todo porque nos dejó solos de él, solos de ella.

A veces si se muere mi mamá, me enojo con mi papá porque sobrevivió. Me enojo con el hermano mayor de mi viejo, porque él vive y mi papá se murió.

El caso es que sea con el afuera, sea con las circunstancias, sea con Dios, con la religión, con el vecino, sea con el que no tiene nada que ver o con quien sea, me enojo.

Me enojo desde lugares que en general no pueden ser muy razonables.

Me enojo con cualquiera a quien pueda culpar de mi sensación de ser abandonado.

No importa si es razonable o no, el hecho es que me enojo.

Pero ¿cómo puede ser que yo me enoje?

La verdad es que yo sé que los otros no son culpables de esto que los acuso. Lo que pasa es que la furia tiene una función, como la tiene el sangrado.

La furia está allí para lograr algunas cosas, como la sangre sale para permitir el proceso que sigue.

La furia tiene como función anclarnos a la realidad, traernos de la situación catastrófica de la regresión y prepararnos para lo que sigue, tiene como función terminar con el desborde del descontrol de la regresión pero también intentar protegernos por un tiempo más, del dolor de la tristeza que nos espera.

Escribí una vez un cuentito apoyado en alguna historia que una vez escuché en España, y que muchos años después supe que ya había inspirado a Khalil Gibrán.

Mi cuento se llama "La tristeza y la furia" y alguna vez apareció en alguno de mis libros.

Para los que no la conocen, brevemente es más o menos así:

A un estanque mágico llegaron una vez a bañarse haciéndose mutua compañía la tristeza y la furia.

Llegaron junto al agua, se sacaron las ropas, y desnudas entraron a bañarse.

La furia, apurada, como siempre, inquieta sin saber por qué, se bañó y rápidamente salió del estanque. Pero como la furia es casi ciega se puso la primera ropa que manoteó, que no era la suya, sino la de la tristeza. Vestida de tristeza, la furia se fue como si nada pasara. La tristeza, tranquila y serena, tomándose el tiempo del tiempo, como si no tuviera ningún apuro, porque nunca lo tiene, mansamente se quedó en el agua bañándose mucho rato y cuando terminó, quizás aburrida del agua, salió y se dio cuenta de que no estaba su ropa. Si hay algo que a la tristeza no le gusta es quedar al desnudo, así que para no estar así, al descubierto, se puso la única ropa que había, la ropa de la furia. Y así vestida de furia siguió su camino. Cuentan que a veces cuando uno ve a otro furioso, cruel, despiadado y ciego de furia, parece que estuviera enojado, pero si uno se fija con cuidado se da cuenta de que la furia es un disfraz y que detrás de la furia está escondida la tristeza.

Esta furia que aparece aquí, en esta tercera etapa, es la furia que esconde la tristeza que se viene. La tristeza todavía no va a aparecer porque el cuerpo está preparándose para soportarla. Por ahora la furia es lo que priva y si todo va bien, la furia va a pasar. Pero hemos visto que para que pare la sangre habrá que taponar la herida con algo. Algo que sea justamente el resultado del sangrar. Porque si el paciente siguiera sangrando se moriría. Si el paciente siguiera furioso se moriría agotado, destrozado por la furia.

Algo tendrá que parar esta sangre, algo tendrá que actuar como tapón, como si fuera un coágulo. Este derivado construido de la misma sustancia de la furia, que la reemplaza y la frena se llama culpa.

En el proceso natural de la elaboración de un duelo aparece la culpa.

Y entonces en esta etapa nos empezamos a sentir culpables. Culpables por habernos enojado con el otro (se murió y yo encima puteándolo). Culpables por enojarnos con otros. Culpables con Dios. Culpables por no haber podido evitar que muriera. Y empezamos a decirnos estas estupideces:

...por qué le habré dicho que vaya a comprar eso...
...si no le hubiera prestado el auto...

... si yo no le hubiera pagado el pasaje no podría haber ido a Europa...

... debería haberlo mandado al médico...

... si lo hubiera ido presionando un poco más se hubiera salvado...

... si yo hubiera estado entonces no se hubiera muerto...

... quizá me llamó y yo no estaba...

¿Para qué hacemos esto?

Porque sabemos lo que se viene, y estamos intentando defendernos. Aparecen estas fantasías omnipotentes como para salvarnos de la sensación de impotencia que seguirá después.

Culparnos es una manera de decretar que yo lo hubiera podido evitar. De paso, nos culpamos también por todo aquello que no pudimos hacer:

- por no haberte contado lo que nunca supiste,
- por no haberte dicho en vida lo que hubiéramos querido decirte,
- por no haberte dado lo que podíamos haberte dado,
- por no haber estado el tiempo que podíamos haber estado,
- por no haberte complacido en lo que podíamos haberte complacido,
- por no haberte cuidado lo suficiente,
- por todo aquello que no supimos hacer y que tanto reclamabas.

Y no puedo enojarme con vos que me privaste del tiempo de hacerlo porque la furia ya pasó y porque ahora estoy coagulando para salirme de la bronca, y entonces conectado por este tiempito con el peso de la culpa.

Pero la culpa también es una excusa, también es un mecanismo.

La culpa es como ya lo he dicho tantas veces una versión autodirigida del resentimiento, es la retroflexión de la bronca. Por eso digo que está configurada de la misma sustancia que la furia, como el coágulo es de la misma sustancia que la sangre. La culpa no dura, porque es ficticia y cuando se queda nos estanca en la parte mentirosa omnipotente y exigente del duelo.

Pero si no hacemos algo que nos detenga, naturalmente aparece la retracción del coágulo, como pasa con la herida. Voy metiéndome para adentro, voy volviéndome seco. Y llego a una etapa, la quinta, la más horrible de todas, la etapa de la desolación.

La etapa de la desolación es la de la verdadera tristeza.

Ésta es la etapa temida. Tanto que gran parte de lo anterior pasó para evitar esto, para retrasar nuestra llegada aquí.

Aquí es donde está la impotencia, el darnos cuenta de que no hay nada que podamos hacer, que el otro está irremediablemente muerto y que eso es irreversible.

Piense yo lo que piense y crea yo lo que crea, crea en el mundo por venir o no, en el mundo de después o no, en el mundo eterno o no, crea yo o no que en algún lugar está mirándome y que nos vamos a encontrar, crea lo que crea, lo cierto es que en este lugar no hay nada que yo pueda hacer. Y esto me conecta con la impotencia.

Y como si fuera poco aquí está también mi otro temido fantasma, el de la soledad. La soledad de estar sin el otro, con los espacios que ahora quedaron vacíos.

Conectados con nuestros propios vacíos interiores.

Conectados con la sensación concreta de que he perdido algo definitivamente.

No hay muchas cosas definitivas en el mundo, salvo la muerte.

Y ahora, darnos cuenta de todo esto.

Después de recorrer todo este camino, ahora retraerse, ponernos para adentro. Ahora darnos cuenta de esta sensación, la sensación de eternidad de su ausencia.

Nos damos cuenta de que las cosas no van a volver a ser como eran y no sabemos con certeza pronosticar de qué manera van a ser.

Y tomo absoluta conciencia... y siento la sensación de ruina... como si fuera una ciudad devastada... como si algo hubiera sido arrasado dentro de mí... como si yo fuera una ciudad bombardeada. (Me acuerdo de las imágenes de Varsovia después de la destrucción de los nazis, nada en pie, todo era escombros). Así me siento como si en mi interior sólo hubiera escombros.

Éste es el momento más duro del camino. En honor a esta etapa se llama el camino de las lágrimas. Ésta es la etapa de la tristeza que duele en el cuerpo, la etapa de la falta de energía, de la tristeza dolorosa y destructiva.

No es una depresión, si bien se le parece, claro que se le parece.

¿En qué? En la inacción. La depresión aparece justamente cuando me declaro incapaz de transformar mi emoción en una acción. A veces los deprimidos no están tristes, están deprimidos, pero no están tristes. Y éstos están tristes, no sé si están deprimidos, quizá sí, quizá no, pero lo que seguro están es de-sesperados... Están verdaderamente des-esperados.

Pero no es la desolación de la inquietud. Cuando nos encon-tramos con estas personas y las miramos a los ojos, nos damos cuenta de que algo ha pasado, que algo se ha muerto en ellos. Y es bien triste, acompañar a alguien que está en este momento. Es triste, porque comprendemos y sentimos. Porque nos "compa-decemos" de lo que le pasa, quiero decir "padecemos con" esa persona. Es lógico que así sea porque quien se ha muerto en rea-lidad es este pedacito que de alguna manera llevaba de la persona adentro.

Los intentos para salirse de esta situación tan desesperante son infinitos. Sin necesidad de que nos estemos volviendo locos para nada, puede ser que en esta etapa tengamos algunas sensa-ciones y percepciones extrañas:

- despertar en la noche sintiendo la voz del difunto que nos habla,
- escuchar la puerta como si entrara,
- creer que alguien que vimos en el subte era la persona que ya no está,
- sentir el ruido en la cocina que hacía cuando cocinaba los panqueques que siempre hacía,
- escuchar en la calle misteriosamente la música que siem-pre escuchaba,
- asistir a la extraña aparición de esa billetera que nunca estuvo aquí.

Aunque sepamos que no es cierto tenemos la impresión de que en realidad el otro está entre nosotros. Impresión que lleva a muy buen negocio a los espiritistas y a toda esta gente que aprovecha estos momentos, sabiendo que quien está de duelo está sumamente vulnerable.

Se trata de verdaderas seudoalucinaciones, que si bien son normales no dejan de obligarnos a pensar dónde anda nuestra salud mental.

Por ejemplo, yo no tengo dudas respecto de los olores de las personas y de las cosas y lugares, yo recuerdo el olor de la casa de mi abuela, el olor como percepción asociada al recuerdo, todo esto me parece bien real. Si vuelvo a la que fue la casa de mi abuela y reconozco el olor, esto no tiene ningún misterio, es el olor del lugar que asocio con mi abuela. Ahora bien, si yo voy a un lugar donde sé que mi abuela nunca estuvo y huelo su olor, debe ser que hay un olor que me hace acordar al de mi abuela, pero si yo interpreto que ese olor ES porque mi abuela estuvo o está ahí, posiblemente mi situación emocional me está haciendo una mala jugada. Porque una seudoalucinación no es una alucinación. Clínicamente es: yo sé que lo que estoy percibiendo no es, pero lo estoy percibiendo. La persona tiene la sensación, pero sabe que es su cabeza la que está haciendo la trampa. Es muy fuerte para la persona pasar por estos eventos y muchos llegan a asustarse.

Durante el camino de las lágrimas algunas personas tienen tanto deseo de que sea cierto que el otro está cerca que quisieran poder percibirlo. O revuelven la casa una y otra vez buscando en algún lugar solitario la carta que el muerto debe haber dejado, el mensaje que escribió para mí, la explicación que me da ahora que no está, de lo inexplicable.

Están tan deseosos y tan necesitados que a veces podrían enredarse en creer cualquier cosa. Como que pueden por supuesto creerle a las personas que les digan que pueden conectarlos con la persona muerta.

Un momento de tristeza, de visiones, de creencias, de miedos y de incertidumbres. Un tiempo muy expuesto al engaño de los estafadores de ilusiones. Y así sucede lamentablemente demasiadas veces.

Lo malo de esta etapa de desolación es que es desesperante, dolorosa, inmanejable. Lo bueno es que pasa, y que mientras pasa, nuestro ser se organiza para el proceso final, el de la cicatrización, que es el sentido último de todo el camino.

Cómo podría prepararme para seguir sin la persona amada si no me encierro a vivir mi proceso interno, cómo podría reconstruirme si no me retiro un poco de lo cotidiano.

Eso hacen la tristeza y el dolor por mí, me alejan, para poder llorar lo que debo llorar y preservarme de más estímulos hasta que esté preparado para recibirlos, me conectan con el adentro para poder volver al afuera a recorrer los dos últimos tramos del camino de las lágrimas: la fecundidad y la aceptación.

Ahora podemos sostener el esquema de correspondencia más completo:

Herida		**Duelo**
Vasoconstricción	⇨	Incredulidad
Dolor agudo	⇨	Regresión
Sangrado	⇨	Furia
Coágulo	⇨	Culpa

Retracción del coágulo	⇨	Desolación
Reconstrucción tisular	⇨	Identificación y Fecundidad
Cicatriz	⇨	Aceptación

En el final mismo de esta etapa de desolación uno empieza a sentir cierta necesidad de dar, muchas veces darle al que se fue. Desde un punto de vista psicodinámico quizá tenga que ver con salirse del odioso cepo de la impotencia que siempre termina incomodándome. Salir de este lugar donde siento que no puedo hacer nada. Esta sensación que digo es inexplicable, pero que seguramente tiene que ver con mis lazos vitales con el mundo de lo que amo, es el principio de la salida.

Muy lejos de ser la salida, pero es el principio de la salida, un intento de resolver en mi cabeza lo que no puedo resolver en los hechos. Este principio de salida se llama identificación y me acerca al establecimiento de la etapa de la fecundidad.

De la desolación se empieza a salir identificándonos con algunos aspectos del muerto y a veces hasta idealizando transitoriamente algunas características, para poder hacerlas mías. Cuando el proceso es normal sucede como una revalorización un poco exagerada de las virtudes reales del ausente y da lugar a la razonable crítica posterior.

Hablando de un chico que se murió puedo decir "era tan lindo, el más inteligente del grado, era maravilloso, y estaba llamado a grandes cosas". Pero si sigo diciendo que era la encarnación de lo perfecto, que era el más lindo niño que nunca existió y que era demasiado para este mundo y por eso Dios lo quería con él, estoy perdido. Erré el camino y la revaloración se transformó en idealización. Ya no estoy viendo las cosas. No hay nada peor que confundir valorar con idealizar, una me permite elaborar el dolor, la otra lamentablemente es una manera de no salirse de él.

Después de haber penado y llorado la ausencia me doy cuenta de que me alegra escuchar un tango cuando antes yo nunca escuchaba tangos, que me empieza a gustar cocinar, como a ella le gustaba, cuando en mi puta vida cociné o que empiezo a disfrutar de los paseos al aire libre, que en realidad nunca lo entendía, y empiezo a probar los dulces caseros que ella dejó y que tanto le gustaban y termino diciendo "pobres los viejos que siempre los criticaba y ahora yo estoy haciendo lo mismo".

Ésta es la cuota de identificación irremediable con el que no está; que empieza cuando me doy cuenta de cuántas cosas teníamos de parecidos y termina cuando sin darme cuenta empiezo a hacer algunas que nunca hacía, como si quisiera terminar de parecerme.

El proceso de identificación, puente a lo que sigue

¿Por qué es un puente?
Porque es empezar a salir.
¿Por qué?
Porque sin identificación no puede haber fecundidad.
¿Qué es fecundidad?
Es empezar a hacer algunas acciones dedicadas a esa persona, o por lo menos con conciencia de que han sido inspiradas por el vínculo que tuvimos.

En esta etapa voy a animarme a la alquimia emocional.

Voy a aprender a transformar una energía ligada al dolor, en una acción constructiva.

Éste es el comienzo de lo nuevo. Ésta es la reconstrucción de lo vital, éste es el comienzo: lograr que mi camino me lleve a algo que de alguna manera se vuelva útil para mi vida o para la de otros.

Inspirados en la estructura original de los grupos de auto-ayuda (expandidos por el mundo a partir de la exitosa experiencia de AA) se han creado infinidad de grupos autogestionados de personas que comparten lo que les ha pasado. Hay grupos de padres que han perdido un hijo, grupos de huérfanos, grupos de familiares de accidentados, grupos de gente que sufre de la misma enfermedad que yo sufro. Grupos de tarea que se ocupan de brindar ayuda a aquellos que atraviesan un momento del camino que yo recorrí y que como materialización de esto que estoy llamando duelo fecundo organizan obras para contener a otros que se encuentran en un momento difícil.

Ésta es la etapa fecunda, el de la transformación del duelo sólo doloroso y aislado en una historia que le dé un sentido adicional a la propia vida.

Si esto se puede hacer entonces se llegará a la aceptación.

La última etapa del camino de las lágrimas

Aceptación es por fin el equivalente de la cicatrización.

¿Qué quiere decir aquí aceptar?

Resignados quizá ya estábamos desde antes. Ya habíamos descubierto que no podíamos hacer nada para cambiar lo sucedido…

Y entonces… ¿qué es lo que hace falta aceptar?

La aceptación en un proceso de duelo quiere decir dos cosas.

La primera es discriminarse. La palabra no es linda, pero no hay otra. Discriminarse de la persona que se murió, separarse, diferenciarse, asumir sin lugar a dudas que esa persona murió y yo no. Quiere decir el muerto no soy yo. Quiere decir, la vida terminó para ella o para él, pero no terminó para mí. Quiere decir re-situarse en la vida que sigue. La segunda cosa que quiere decir aceptar es "interiorizar".

Recuerden, venimos de la identificación (él era como yo) y de la discriminación (pero no era yo). Y sin embargo yo no sería quien soy si ni siquiera lo hubiera conocido. Algo de esa persona quedó en mí. Esto es la interiorización. La conciencia de lo que el otro dejó en mí y la conciencia de que por eso siguen vivas en mí las cosas que aprendí, exploré y viví.

Lacan, un hombre brillante con el que tengo muy pocas coincidencias evidentes y demasiadas coincidencias substanciales, dijo algo fantástico respecto del duelo:

Uno llora a aquellos gracias a quienes es.

Y a mí me parece increíblemente sabio este pensamiento, esta idea.

Me parece que todo lo que ha pasado conmigo es porque de alguna manera que yo sé (y aunque no lo sepa), gracias a esta persona yo soy quien soy. Todos los seres que quiero en el mundo han tenido que ver con esto que yo soy hoy.

Y aclaro, a pesar de que estamos siguiendo la línea del duelo por las muertes, que esto no sucede sólo con el fallecimiento de alguien. Siempre que lloro por una pérdida, aún en el caso de un divorcio (o sobre todo en el caso de un divorcio) lloro por perder lo que, me guste o no, ha sido determinante en que yo sea quien soy.

Cuando decíamos al principio del libro que no importa el tiempo compartido, que no importa si te sacaron esto que llorás o no, si lo dejaste por algo mejor o por nada, no importa, el dolor de la pérdida es por la despedida de aquello, persona, cosa, situación, o vínculo, gracias a quienes de alguna manera soy.

Y aquí termina el camino.

¿Por qué? Porque cuando yo me doy cuenta de que todo lo que esa persona me dio no se lo llevó con ella, cuando me doy cuenta de que puedo tener dentro de mí lo que esa persona dejó en mí, es una manera de tener a la persona conmigo.

La discriminación y la interiorización me permitirán aceptar la posibilidad de seguir adelante, a pesar de que como en todas las heridas, también quedará una cicatriz.

¿Para siempre? Para siempre. Entonces no se supera. Se supera pero no se olvida. Las cicatrices cuando el proceso es bueno ya no duelen y con el tiempo se mimetizan con el resto de la piel y casi no se notan, pero están ahí.

Cuando yo hablo de esto me toco el muslo izquierdo y digo:

Acá está, ésta es la cicatriz de la herida que me hice cuando me lastimé,
yo tenía diez años.

¿Me duele?
No, ni siquiera cuando me toco.
No me duele.
Pero si me miro de cerca la cicatriz… está.

ETAPAS DEL DUELO NORMAL

1.	Incredulidad	Parálisis Negación Confusión
2.	Regresión	Llanto explosivo Berrinche Desesperación
3.	Furia	Con el causante de la muerte Con el muerto, por abandono
4.	Culpa	Por no haberlo podido salvar Por lo que no hicimos
5.	Desolación	Impotencia Desasosiego Seudoalucinaciones Idealización Idea de ruina
6.	Fecundidad	Acción dedicada Acción inspirada Identificación
7.	Aceptación	Discriminación Interiorización

Supe de la existencia de Maxine Kumin a partir del libro de Judith Viorst.

Este capítulo no puede terminar de otra manera que con mi humilde versión de su poema titulado "El hombre de las muchas eles", que escribiera después de la muerte de su hermano, víctima de una larga y dolorosa enfermedad neurológica.

Al conocer los nombres de tu mal,
nos mentimos como los miembros de cualquier consejo
y todos juramos conservar nuestros papeles
hasta el acto final bajo tu mando.

Al principio fue casi fácil,
la enfermedad te obligó a que renunciaras a tu mano izquierda,
pero tu diestra creció más y más sabia,
como el malabarista de un rey exigente
y cuando tu pierna derecha insensible te falló,
te serviste del bastón montañero
que nuestro padre usaba los domingos de misa.

Sin embargo el campo de batalla menguaba mes a mes.
Cuando ya no pudiste tragar la carne,
cocimos y molimos tu alimento
y torcimos la pajita para que bebieses el chocolate.
Y cuando más tarde... dejaste de hablar,
aun podías escribir las preguntas y tus respuestas
en la pizarra mágica que conservábamos de niños.
Simplemente, levantabas la página
y volvías a empezar.

Tres meses antes de tu muerte, ¡qué suerte!,
paseamos y rodamos
por las calles de nuestro querido pueblo,
para sorprender la primavera
siguiendo sus floridas huellas.

Y tú, hermano, escribías los nombres
de cada ridícula flor que yo desconocía.
Lluvia de la gruta,
espuela de la azucena,
y escribiste aún, en la pizarra,
lila,
magnolia,
oleandro,
clavelina.

¡Ay! hombre de las muchas eles.
¡Ay! mi hermano querido,
¡Ay! mi astuto botánico fantasma.

Me gustaría no volver a pronunciar
más nunca
esos extravagantes nombres vegetales.

Me gustaría guardar esas palabras,
esconderlas...
como si fueran un conjuro,
y reservarlas para invocarte...
cada vez que te extrañe.

Capítulo 6. Después del recorrido

En el peor momento de mi vida, cuando la angustia había llegado a ser insoportable y todo parecía haber perdido sentido, una mano tendida hacia mí me dio la fuerza de luchar por salir del pozo. La mano que más necesitaba, la de mi esposa muerta un año antes, que en mis sueños me decía simplemente... No puedo verte así...

PATRICK JENNINGS

Un duelo ha sido elaborado cuando la persona es capaz de pensar en el fallecido sin el dolor intenso. Cuando es capaz de volver a invertir sus emociones en la vida y en los vivos. Cuando puede adaptarse a nuevos roles. Cuando aunque sea por un instante experimenta serenidad, gratitud y paz.

Sin embargo aún en ese momento queda una etapa más para los duelos.

Una poscicatrización.

El tiempo del después.

He recorrido todo el camino de las lágrimas. De punta a punta. ¿Por qué falta algo?

Porque el que elabora no olvida la pérdida después de terminado el proceso de duelo.

Cuando llega el cumpleaños del que se fue, o el aniversario de bodas, o el cumpleaños del nieto, o la navidad, en cada uno de esos momentos se revive la historia y la cicatriz enrojece apenas y hasta vuelve a doler un poquito.

Se trata de las "reacciones de aniversario" según los libros, y que yo prefiero llamar "el recuerdo de la cicatriz", porque todo sucede como si no fuera yo sino su dolor sorpresivo lo que me recuerda el pasado. Si bien es cierto que cada año las cicatrices hablan en voz más tenue, a veces pasa mucho tiempo hasta que dejan de recordarnos lo perdido. Supongo que hay algunas cicatrices más memoriosas que duelen para siempre.

Tiempo de duelo

¿Cuánto dura un duelo normal?

¿Existe un tiempo normal de duelo?

Los libros dicen que sí y los pacientes dicen que no.

Y yo he aprendido a creerle a los pacientes.

La verdad es que si existe es tan variable y sujeto a tantas circunstancias que de todas maneras es impredecible, no se sabe. Cada uno tiene sus propios tiempos.

Lo que sí creo es que existen tiempos mínimos.

Creo que pensar que alguien puede terminar de elaborar el duelo de un ser querido, en menos de un año es difícil si no mentiroso.

Y ¿por qué digo menos de un año caprichosamente?

Porque en un año suceden la mayoría de las primeras veces. Y las primeras veces son siempre dolorosas y porque cada primera vez es una primera vez.

El primer año suele ser aunque nos pese un doloroso catálogo de estrenos de nuevos duelos.

Y cada uno de esos estrenos opera como un pequeño túnel del tiempo... por el que uno vuelve una y otra vez a la vivencia pasada. Aunque, por suerte, cada vez sabe más del camino de retorno. Casi siempre la segunda navidad es menos dolorosa que la primera.

Quizá los tiempos naturales se correspondan con lo que decían nuestras abuelas:

"Un mes de duelo absoluto,
Seis meses de luto riguroso,
Un año de medio luto,
Veinticuatro meses de guardar constricción".

Estos períodos se parecen bastante a los tiempos psicológicos, que refieren los que han recorrido el camino por la pérdida de alguien muy querido.

El primer mes es terrible, los primeros seis meses son muy difíciles, el primer año es bastante complicado y después empieza a hacerse más suave. No hay que olvidar que si he vivido casi toda mi vida reciente sabiendo que otro existía, vivir el duelo de su ausencia implica empezar una nueva historia.

Por lo dicho (del síndrome de las primeras veces) yo diría que un duelo por la muerte de un ser querido nunca podría durar menos de un año y posiblemente si algo no lo interrumpe no dure mucho más allá de dos años y medio.

También creo que si después del primer año uno sigue estando clavado en el lugar del primer día, quizá sea una buena idea pedir ayuda. A veces es imprescindible que alguien me acompañe en el proceso aunque más no sea para mostrarme por dónde no está la salida del laberinto.

Los grupos de pares posiblemente no aportan el dato científico, ni funcionan bajo supervisión terapéutica. En general no tienen intención profesional sino que operan para mí desde el maravilloso lugar del cuento zen:

Cheng-hu se encontraba perdido en un laberinto. De la cámara principal salían cincuenta caminos distintos. Le había llevado una semana explorar nueve de ellos.

—A menos que tenga suerte —se dijo—, moriré antes de encontrar el camino correcto.

No terminaba de pensar esto cuando se encontró con Shin-tzu. No se conocían pero Cheng creyó que Shin era la respuesta a su ruego.

—Qué suerte que te encuentro —dijo Cheng—, estoy perdido entre tanto camino. Tú podrás decirme cuál conduce a la salida.

—Yo también estoy perdido —contestó Shin.

—Qué mala suerte —se quejó el primero—, encuentro a alguien y no me sirve de nada.

—¿Por qué dices que no te sirvo? —preguntó Shin.

—Dijiste que estabas perdido... —contestó Cheng, como si fuera obvio su razonamiento.

—Me imagino que habrás recorrido algunos caminos sin poder salir. Yo he recorrido por mi parte doce caminos que no conducen a ninguna parte, juntos los dos sabemos mucho más del laberinto que antes de encontrarnos y eso es indudablemente mejor que nada.

Predecir cuánto tiempo nos tomará completar el proceso de recuperación es difícil. Algunos podrán hacerlo en unos meses, para otros se requerirán años. La cantidad de tiempo invertido depende de muchas variables que interfieren y crean distintos patrones. La intensidad del apego al difunto (tipo de relación), intensidad del shock inicial, presencia/ausencia de la aflicción anticipatoria (cuando la persona tiene tiempo de afligirse previamente a la muerte del ser querido; por ejemplo, en casos de enfermedad crónica y muerte esperada), las características del superviviente (personalidad propensa a la aflicción, o insegura, ansiosa con baja autoestima; excesivos autorreproches; enfermedad mental previa, o incapacidad física; duelos previos sin resolver; incapacidad para expresar sentimientos); crisis concurrentes (problemas graves que se presenten simultáneamente), obligaciones múltiples (crianza de los hijos, dificultades económicas, etc.), disponibilidad de apoyo social, características de la muerte (muerte súbita/muerte anticipada), situación socioeconómica y religiosidad son algunos de los factores que influyen en la duración del duelo. Así, es probable que todos nos recuperemos en tiempos diferentes.

Dice la gente que hace terapia sistémica, que nuestra vida opera como un sistema donde cada engranaje se relaciona con otros, si sacamos un engranaje, todo el sistema cambia.

Los pacientes dicen: "Nada es igual que antes". Y tienen razón.

Resituarse significa saber qué voy a hacer con la nueva situación, desde los lugares más espirituales y emocionales, y desde los lugares más banales y materialistas.

Significa asumir que quizá tenga que ocuparme también de manejar el dinero que el otro manejó durante toda su vida. Significa que tendré que ocuparme de la casa, de la familia, de los trámites de la sucesión y de mi nuevo proyecto de vida.

Significa ocuparme de cosas que no me gustan en un momento donde no tengo ganas. Es una tarea horrible, pero la tengo que hacer mientras me ocupo como puedo del lugar que le voy a dar a la imagen interiorizada de lo perdido.

Así que éstos son los objetivos del duelo:

- ELABORAR

- REENCONTRARSE

- REUBICAR

Tres obstáculos que vencer, porque sin hacer alguna de estas tareas terminaremos cargando un cadáver sobre la espalda en un camino cuesta arriba.

Indudablemente hay cosas que ayudan al recorrido y otras que lo dificultan. Algunas de las que lo hacen más fácil son los ritos.

Yo siempre fui un antirritualista. Siempre los ritos me parecieron absurdos, sobre todo aquellos que rondaban la muerte.

La verdad es que la humanidad ha ido deshaciéndose de los ritos, y volviéndose cada vez más aprensiva respecto a la muerte. La muerte tiene entre nosotros esta connotación tabú, lo prohibido y a la vez venerado de las cosas de las que no se puede hablar ni tocar.

Una vez por semana o cada quince días suena el teléfono en el consultorio...

Alguien dice: murió fulano (tío, suegra, ex esposo), ¿debe ir al funeral o no?

El abuelo ha muerto, ¿se debe permitir a los chicos estar en el velorio?

La madre de los sobrinos ha muerto, ¿qué hay que decirle a los niños?

Como si se dudara si conviene que los chicos sepan que la muerte es verdad.

Como si fuera conveniente mentirle una eternidad falsa para que no se entere porque es muy chiquito y sufre.

Lo que nosotros estamos produciendo escondiendo la muerte a nuestros chicos no tiene nombre, no podemos llegar a medir las consecuencias de sugerir que la inmortalidad es una posibilidad.

Y esto tiene que ver con el habernos alejado de los ritos. Los ritos están diseñados para el aprendizaje y la adaptación del hombre a diferentes cosas. Una de ellas para que el individuo acepte la muerte y acepte la elaboración del duelo.

Los ritos tienen que ver con la función de aceptar que el muerto está muerto y con la legitimación de expresar públicamente el dolor, lo cual como vimos es importantísimo para el proceso.

Los ritos, aprendí yo de mis pacientes, son importantes. Aprendí esto de una paciente que un día me contó que iba al cementerio todos los domingos. Ella visitaba la tumba de su marido muerto. Recuerdo que le preguntaba nada ingenuamente: "Doña Raquel, ¿hace falta que vaya todos los domingos?, ¿no puede dejar de ir alguna semana?". Ella me dijo: "No es que lo contradiga, doctor, yo sé que usted me quiere ayudar, pero no funcionaría. Yo quise hacer eso, antes de venir a verlo a usted, traté de dejar de ir, pero si no voy el domingo al cementerio después me siento mal toda la semana". Me puse serio y sentencié: "Usted se siente mal cuando no va porque se siente culpable". Raquel comprensivamente me dijo: "No, doctor, qué me voy a sentir culpable... mi marido hace dos años que murió, no me siento culpable, pero sabe qué pasa, yo voy ahí, me siento un rato, lloro, me quedo hablándole unos minutos y después me voy. Fuera del domingo yo no lloro en toda la semana. Pero cuando dejo de ir, ando llorando por todos lados. El cementerio me da a mí un lugar y un espacio para llorar".

A mí me impresionó, y me hizo entender que yo estaba equivocado. Designar un espacio, un momento y un lugar para conectarse con el dolor, funciona de verdad. Un rito que ordena y protege. Un rito que aporta un lugar serio y un tiempo sincero donde expresar, para no tener que expresarlo en cualquier lugar y en cualquier momento.

Esto es la historia. La historia de poder soltar.
Mientras lo tengo conmigo, lo tengo.
Cuando no lo tengo, no lo tengo más.

¿Se va a ir? ...¿es su decisión? ...está muy bien.
¿Se va a quedar? ...¿es su decisión? ...está muy bien.

Pero cuando esté conmigo a mí me gustaría que esté conmigo. Eso sí, intensamente. Comprometidamente.

Vivo mi relación con mis amigos con toda la intensidad. Y si un día mis amigos se van, seguramente voy a decirles "no quiero" y seguramente me van a decir "me voy a ir igual"... y yo voy a soltar.

Uno de mis mejores amigos en el mundo está viviendo ahora en Nueva York. Y la verdad es que fue muy dolorosa su partida. Han pasado veinte años, nos vemos muy poco, hablamos de vez en cuando por teléfono, lo sigo amando, quizá más que antes, pero ahora... lo puedo soltar... y saber que está conmigo.

Si pudiéramos ver esto, ver la continuidad en nosotros. Si pudiéramos darnos cuenta de lo trascendentes que somos, quizá podríamos vivir las pérdidas con otra mentalidad, desde otro lugar, con una nueva actitud, con la curiosidad y la excitación que tiene frente a lo nuevo aquel que no le teme.

Si el camino no se recorre por completo porque el caminante decide quedarse en algún lugar del recorrido, si se tarda más tiempo del razonable en llegar a destino o si pierde el rumbo en un desvío hablamos de duelo patológico.

Duelo patológico

Como se adivina desde su nombre llamamos así al duelo que se aleja de la elaboración saludable de la pérdida. Y se podría definir como una interrupción (voluntaria o no) del proceso de duelo normal. Si lo equiparáramos a nuestra metáfora es un proceso de cicatrización en el que la herida nunca llega a cicatrizar.

La mayoría de los duelos patológicos suceden como consecuencia de alguna de estas cuatro distorsiones.

El duelo nunca empieza, se detiene en alguna de las etapas, progresa hasta un punto y rebota hacia alguna etapa anterior, o se atasca intentando evitar una etapa.

Aunque algunos duelos muy conflictivos resultan de la morbosa combinación o alternancia de varios de estos mecanismos.

Es importante dejar en claro que lo enfermizo no aparece porque existe un duelo sino que aparece con el duelo. Esta diferencia es mucho más que un detalle porque señala que un duelo patológico es siempre la expresión de una patología previa, es decir hay algo que está complicado desde antes y que sale a luz con el proceso de duelo.

Los especialistas nos hablan de diferentes tipos de duelos enfermizos:

El duelo ausente: En el que la persona que debe vivir el proceso se defiende tanto o sufre un *shock* tan grande que no puede salir de la primera etapa. La pérdida es negada, sublimada u ocultada en un estado de confusión frente al mundo, que se prolonga en el tiempo.

El duelo conflictivo: Que sucede en aquellos casos en que sin darse cuenta una persona utiliza la situación del duelo como excusa o argumento para justificar otros conflictos; por ejemplo para no responsabilizarse de la vida que le queda por vivir.

El duelo retrasado: Un duelo que se deja pendiente hasta aclarar el conflicto interno que evoca la pérdida. Es el típico caso de la persona que descubre frente a la pérdida de un familiar sentimientos tan ambivalentes (amor-odio, o tristeza-alivio) que no sabe si alegrarse o entristecerse.

El duelo desmedido: Cuando la expresión emocional se desborda, a veces hasta excediendo los límites de la integridad propia o la de terceros. Es el caso de todos los intentos suicidas de los que sufren una pérdida, que en realidad pretenden hacer una gran huida pensando que no pueden soportar tanto dolor.

El duelo crónico: Que es aquel en el que el proceso se recicla infinitamente sin terminar nunca. El que vive la pérdida termina resignificando el proceso de duelo y poniéndolo al servicio de alguno de sus aspectos neuróticos. Muchos pacientes de duelo crónico creen que terminar de elaborar el duelo los alejará del recuerdo amoroso del que ya no está.

Todas estas respuestas de mala adaptación al duelo son patologías que requieren casi siempre un enfoque terapéutico especializado, sobre todo cuando coexisten como es frecuente con ciertos trastornos psíquicos importantes como trastornos de integración social (agresividad, aislamiento, dependencia), abuso de drogas o alcohol, síntomas de depresión grave, conductas anormales con relación a lugares u objetos del fallecido, ideas recurrentes de la propia muerte y llamativa ausencia de pena.

Dado que las más de las veces el que está en la situación no puede diagnosticar su propio desvío la principal ayuda del entorno de sus afectos debería ser contribuir con suavidad y afecto a la concientización de lo que pasa y acompañar a la persona hasta la ayuda profesional. Esto es doblemente importante cuando la permanencia de los que padecen de duelos patológicos en esa situación agrava su pronóstico y dificulta su tratamiento. Los duelos prolongados requieren a veces abordajes complicados que revisten importancia y que podrían llegar a incluir medicamentos.

Un punto especial es el diagnóstico de la patología (o no patología) de la ausencia de dolor intenso frente a una muerte o una separación o una pérdida de cualquier tipo. No siempre la ausencia de un duelo florido y ostensible es patológica.

Me decía Cecilia:
—Cuando me divorcié estaba tan satisfecha de haber podido separarme que ni recuerdo haberme sentido de duelo. Mis amigas dicen que lo estoy negando y eso me preocupa...

Me dijo Juan Carlos:
—Después de que mi abuelo estuvo en terapia intensiva casi un año, su muerte fue más una bendición que una desgracia. A veces me siento un monstruo desafectivizado...

Estas y otras frases parecidas son usuales en un consultorio psicoterapéutico.

Son, como digo yo, el lamento de:

"Los que se sienten mal porque no se sienten mal".

Muchas veces en una separación no hay duelo ostensible, no por una patología, sino porque el verdadero duelo se hizo antes de la decisión final.

Y otro tanto pasa en las agonías prolongadas cuando lo que más se siente muchas veces es alivio porque el proceso de duelo se va viviendo mientras el enfermo se muere.

Otras veces el enfermo sufre enormemente y entonces sin que medie ninguna distorsión en los que quedan, la muerte combina el dolor de la pérdida con una cuota de doble alivio inevitable, alivio por el final del sufrimiento que padecía el enfermo y también del propio dolor al verlo sufrir.

En estos casos no se trata de verdaderos duelos ausentes sino de **duelos anticipados**.

Como se ve, el camino del duelo parece tener muchos matices y peculiaridades pero en última instancia es siempre el mismo; cambian los tiempos, cambia la intensidad, cambia el acento en alguna faceta pero siempre hay un proceso en un duelo y siempre hay un duelo frente a una pérdida. Si no lo hay y no lo hubo anticipadamente hay que pensar que algún mecanismo de defensa está bloqueando la conexión con el dolor.

Es bastante común recibir la consulta de una madre que se lamenta de que su esposo no la acompaña en el dolor de la muerte del hijo de ambos. La verdad es que debo admitir que los hombres siempre parece que estamos intentando defendernos del dolor "a como dé lugar" y como la sociedad nos avala la dedicación absoluta a nuestro rol de proveedores incansables en general escapamos al trabajo.

Durante un tiempo una defensa puede ser aceptable, sin embargo si se mantiene en el tiempo el dolor reprimido tenderá a expresarse de otras formas: mal humor, reacciones violentas, somatización, adicciones, etc., etc.

En la otra punta de los que no se animan a entrar están los que no se animan a salir.

Estos dolientes caminantes de las lágrimas no están dispuestos a dejar ir la presencia ausente de lo que no está. Como en el caso de Constanza, no se permiten soltar lo pasado y asumir la sensación de soledad que conlleva la pérdida.

Etapas de un duelo crónico

En cualquier lugar que se interrumpa el duelo la cicatriz no se produce y el duelo no sana. Todo el proceso de la reconstrucción posterior a la herida consiste en que el cuerpo pueda llegar a la retracción del coágulo, ¿te acordás?, porque ahí es donde empieza el proceso de regeneración de los tejidos. Cuando el coágulo se achica y los bordes de la herida se acercan, el tejido nuevo empieza a surgir desde abajo y el daño va camino a sanar.

Algo que no dijimos, pero seguro recordás, es que en este momento, en cualquier lastimadura, la herida pica. Ha dejado de doler, pero cuando el coágulo se empieza a retraer, pica. El escozor es desde el punto de vista fisiológico un dolor pequeño, chiquitito, insignificante, pero un dolor al fin. No sentimos la necesidad de un analgésico pero sí el impulso de rascarnos.

Pero cuidado... porque si uno se arranca la cascarita, la herida empieza a sangrar nuevamente y estamos otra vez atrás.

Éste es el duelo patológico, el duelo de las heridas que nunca cicatrizan.

En el hospital uno ve, en medicina, hombres y mujeres que vienen con heridas que tienen dos o tres años, y uno no entiende por qué, pero pregunta y descubre que cada vez que llegan a la casa se arrancan la cascarita, porque les molesta, porque les pica, porque queda fea. Y vuelven a empezar y nunca dejan que la herida cicatrice.

Cuidado con escaparse otra vez del dolor y la desolación. Cuidado con no querer vivir esto, porque si para escapar de esta etapa arrancamos la cascarita volviendo atrás, el duelo puede hacerse crónico.

Pasan quince años, veinte años, y cada vez que uno llega hasta acá, porque le teme tanto a la desolación huye hacia la bronca, escapa a la negación, se vuelve un niño, se queda en la culpa, corre hacia atrás, a cualquier lado con tal de no pasar por esta tristeza infinita, con tal de no enfrentarse con el alma en ruinas. Y si no hacemos algo para que se termine el círculo vicioso volvemos una y otra vez para atrás y cambiamos el dolor por sufrimiento y nos instalamos en él. ¿Y qué es el algo que hay que hacer? Más bien es lo que no hay que hacer. No hay que rascarse, hay que animarse a vivir el dolor (la picazón) de la etapa de la tristeza desolada, y dejar que el río fluya confiando en que somos suficientemente fuertes para soportar el dolor de la pena.

Hablo de seguir peleando por llegar al final del camino y me acuerdo de una historia que siempre me hace reír mucho. Permitime que te la cuente aunque más no sea para aflojar un poco nuestro corazón de tanto tema doloroso.

Había una vez un mendigo que se encontró por azar en la puerta de una posada que tenía colgado un gran cartel con el nombre del lugar. Se llamaba "La posada de San Jorge y el Dragón".

Imagínense la situación: está nevando y el mendigo tiene hambre y mucho frío pero no tiene dinero. Golpea la puerta de la posada. Se abre la puerta y aparece una señora con cara de muy pocos amigos, y le dice:

—¿Qué quiere?

El mendigo dice:

—Mire, yo tengo hambre y frío...

—¿Tiene dinero? —le grita la mujer.

—No, dinero no tengo —y ¡plafff! la mujer le cierra la puerta en la cara.

El tipo se queda así desolado.

Se está por ir pero decide insistir.

Entonces golpea otra vez.

—¿Y ahora qué quiere? —le dice la señora.

—Mire, le vengo a pedir por favor que me de...

—Acá no estamos para hacer favores, acá estamos para hacer negocios. Esto es una posada, un negocio, ¿no sabe lo que es una posada? ¡¡¡Así que si no tiene dinero se va!!! ¡¡¡Y si no tiene para comer, muérase!!!

¡Plaff!, otra vez la puerta en la cara.

El tipo se está por ir pero decide insistir.

Una vez más golpea la puerta y dice:

—Mire, señora, discúlpeme...

—¡¡¡Discúlpeme, nada!!! Mire, si no se va, le voy a tirar un balde de agua fría encima. ¡¡¡Fuera!!!

Y ¡plaff!, vuelve a cerrar la puerta de un golpe.

El tipo baja la cabeza y retoma su camino.

Se está yendo y al llegar a la esquina alza la vista y ve nuevamente el cartel que dice "La posada de San Jorge y el Dragón".

Entonces decide volver. Por última vez golpea la puerta.

La señora le grita desde adentro:

—¿Y ahora qué quiere?

El mendigo le contesta:

—*Mire, en lugar de hablar con usted, ¿no puedo hablar con San Jorge?*

Yo creo que deberíamos ocuparnos, darnos cuenta, buscar la manera, encontrar los lugares, descubrir el cómo, hallar las personas, buscar los caminos para conectarnos con las mejores cosas que tenemos.

Y las mejores cosas que tenemos son la lucha, el deseo de seguir adelante, las ganas de vivir la vida que a pesar de enfrentarnos con dolores y temores, repito, vale la pena ser vivida.

El tercer escape

Hemos visto cómo detrás de un duelo ausente o detrás de un sufrimiento eterno puede esconderse por igual la decisión de no vivir el duelo. La huida negadora y el cambio de dolor por sufrimiento son dos de los tres desvíos en los que uno se puede perder en el camino de las lágrimas.

El tercer "rebusque", por usar el término de Berne, para no terminar de soltar al que no está es la idealización.

Este desvío está un poquito después de haber pasado por la desolación y se confunde con el sendero correcto de la identificación.

En la práctica de consultorio el que idealiza al que se murió viene sosteniendo una y otra vez que nadie hacía esto como él, o que nadie siquiera podrá hacerlo más, que en aquello era maravilloso y en eso otro, sensacional… y que si había algo que hacía mal era tan poco que no lo recuerda porque en realidad ni siquiera tenía importancia.

Lo que hacía bien el finadito era espectacular y cuando no estaba haciendo nada bueno era en realidad porque yo no lo notaba.

Gardel, que cada día canta mejor, Rodrigo, que se volvió santo, Favaloro, que se volvió mártir, y Gilda, que desde el cielo nos mira y nos cuida a todos.

Ésta es la necesidad de eternizarlos para que no nos abandonen, para no discriminarse, para no soltarlos.

Una salida peligrosa, un verdadero escape hacia adelante, que abre la posibilidad de quedarnos estancados en la idea de que quizá ya no haga falta terminar con el duelo; idealizando su memoria puedo mantenerlo vivo.

El desagradable nombre técnico de este proceso es momificación de lo perdido. Como las películas de terror, embalsamar el cadáver para ponerlo a la mesa y servirle comida todos los días, para decir acá está. Éste es el lugar de papá, de la abuela o del tío Juan y donde nunca nadie más se sentó.

La salida sana es aceptar que el que se murió quizás era en muchos sentidos maravilloso y en muchos otros no tanto y en algunos pocos una mierda, como todos.

Tiene que ver con aceptar que cada uno de nosotros (y el que no está era en vida uno de nosotros) tiene aspectos fantásticos y aspectos siniestros, que cada uno de nosotros tiene una parte buena y una parte jodida.

Tiene que ver con darse cuenta de que cada persona, cada cosa, cada situación, cada lugar tiene cosas que me gustan y cosas que no me gustan.

¿Qué pasa que cuando algo ya no está tiene nada más que las que me gustaban?

De pronto todos los defectos, todas las cosas horribles que detestaba eran mínimas, todo aquello por lo que puteaba no parece importante, y todo lo bueno es único, espectacular e incomparable.

Bien, eso es idealizar. Negar todo lo malo que tenía lo perdido y sobrevalorizar lo bueno. En las personas que han desaparecido de alguna manera tiene que ver con negarles lo humano, con endiosar al que se fue.

He visto en mis veinte años de profesión algunas cosas de verdad siniestras respecto a la idealización. He visto delante de mis ojos negar vehementemente algunos aspectos deplorables y nefastos del que se murió, por los cuales esa misma persona deseó meses atrás que al otro lo pisara un camión.

La idealización funciona desde muchos lugares como una prueba de magia, haciendo aparecer en el otro cosas que en realidad no tenía y desapareciendo de él sus peores miserias. Idealizar es deshumanizar, y también, como con los vivos, es una manera de no aceptarte. Si te acepto debería despedirte, debería admitir que eras quien eras y que ya no estás. En cambio si te idealizo no hace falta, te pongo en un plano superior para poder quitarte lo terrenal y entonces renunciar a separarme momificándote, santificándote y haciendo de tu recuerdo un culto. Y lo que sucede en muchos casos, es que la familia entera idealiza. Y abracadabra… aparentemente está todo bien, porque finalmente coincidimos…

Pero la verdad es que tampoco sirve, y tarde o temprano la mentira de la inmaculada esencia queda al descubierto y el golpe es aun más duro que su muerte.

O peor aún. La mentira se vuelve "un secreto de familia" y el que ya no está un intocable. La imagen perfecta se sostiene para achicar a los que quedan y para despreciar a los que lleguen. Nadie podrá nunca relacionarse sin comparar al que se acerque con la imagen intachable del que murió, encontrando por ejemplo a la nueva pareja de mamá, insoportable, desubicado y poca cosa.

Lamentablemente la muerte no hace nada para mejorar lo que era el que murió y esto es así más allá de todas las creencias de la elevación del espíritu y la purificación de las almas. Me parece importantísimo poder perdonar al difunto pero no olvidar quien fue en vida. Perdonar es cancelar sus deudas, pero no es olvidar que no las pagó.

La idea es seguir luchando y peleando para llegar al lugar del contacto genuino con la imagen real. Al lugar de la aceptación.

Había una vez una isla donde habitaban todas las emociones y todos los sentimientos humanos que existían. Convivían por supuesto el temor, el odio, la sabiduría, el amor, la angustia, todos estaban ahí.

Un día, el Conocimiento reunió a los habitantes de la isla y les dijo:

—Tengo una mala noticia para darles: la isla se hunde.

Todas las emociones que vivían en la isla dijeron:

—¡No, cómo puede ser! ¡Si nosotros vivimos aquí desde siempre!

El Conocimiento repitió:

—La isla se hunde.

—¡Pero no puede ser! ¡Quizás estás equivocado!

—Yo nunca me equivoco —aclaró el Conocimiento—. Si les digo que se hunde, es porque se hunde.

—¿Pero qué vamos a hacer ahora? —preguntaron los demás.

Entonces, el Conocimiento contestó:

—Bueno, hagan lo que quieran pero yo les sugiero que busquen la manera de dejar la isla... hagan un barco, un bote, una balsa o algo para irse porque el que permanezca en la isla desaparecerá con ella.

—¿No podrías ayudarnos? —preguntaron todos, porque confiaban en su capacidad.

—No —dijo el Conocimiento—. La Previsión y yo hemos construido un avión y en cuanto termine de decirles esto volaremos hasta la isla más cercana.

Las emociones dijeron:

—¡No! ¡Pero no! ¿Y nosotros?

Dicho esto, el Conocimiento se subió al avión con su socia y llevando como polizón al Miedo, que como no es zonzo ya se había escondido en el avión, dejaron la isla.

Todas las emociones se dedicaron a construir un bote, un barco, un velero... todos... salvo el Amor.

Porque el Amor estaba tan relacionado con cada cosa de la isla que dijo:

—Dejar esta isla... después de todo lo que viví aquí... ¿Cómo podría yo dejar este arbolito, por ejemplo...? Ahhhh... compartimos tantas cosas.

Y mientras cada uno se dedicaba a construir una manera de irse, el Amor se subió a cada árbol, olió cada rosa, se fue hasta la playa y se revolcó en la arena como solía hacerlo en otros tiempos, tocó cada piedra... y quiso pensar con esta ingenuidad que tiene el Amor: "Quizás se hunda un ratito y después...".

Pero la isla... la isla se hundía cada vez más.

Sin embargo, el Amor no podía pensar en construir, porque estaba tan dolorido que sólo podía llorar y gemir por lo que perdería.

Y otra vez tocó las piedritas, y otra vez se arrastró en la arena y otra vez se mojó los piecitos.

—Después de tantas cosas que pasamos juntos... —le dijo a la isla.

Y la isla se hundió un poco más...

Hasta que, finalmente, de ella sólo quedó un pedacito. El resto había sido tapado por el agua.

Recién en ese momento el Amor se dio cuenta de que la isla se estaba hundiendo de verdad y comprendió que si no conseguía irse el amor desaparecería para siempre de la faz de la Tierra. Así que entre charcos se dirigió a la bahía, que era la parte más alta de la isla. Fue con la esperanza de ver desde allí a alguno de sus compañeros y pedirles que lo llevaran.

Buscando en el mar vio venir el barco de la Riqueza y le hizo señas y la Riqueza se acercó un poquito a la bahía.

—Riqueza, vos que tenés un barco tan grande, ¿no me llevarías hasta la isla vecina?

Y la Riqueza le contestó:

—Estoy tan cargada de dinero, de joyas y de piedras preciosas que no tengo lugar para vos. Lo siento —y siguió su camino sin mirar atrás.

El Amor se quedó mirando, y vio venir a la Vanidad en un barco hermoso, lleno de adornos, caireles, mármoles y florcitas de todos los colores que llamaban muchísimo la atención. El Amor se estiró un poco y gritó:

—Vanidad... Vanidad... llevame con vos.

La Vanidad miró al Amor y le dijo:

—Me encantaría llevarte pero... tenés un aspecto... ¡estás tan desagradable, sucio y desaliñado... perdón, afearías mi barco! —y se fue.

Y cuando pensó que ya nadie más pasaría vio acercarse un barco muy pequeño, el último, el de la Tristeza.

—Tristeza, hermana —le dijo—, vos que me conocés tanto, vos sí me vas a llevar, ¿verdad?

Y la Tristeza le contestó:

—Yo te llevaría, pero estoy tan triste que prefiero seguir sola —y sin decir más se alejó.

Y el Amor, pobrecito, se dio cuenta de que por haberse quedado ligado a estas cosas que tanto amaba iba a hundirse en el mar hasta desaparecer.

Y el Amor se sentó en el último pedacito que quedaba de su isla a esperar el final... cuando de pronto, escuchó que alguien lo chistaba:

—Chst-chst-chst...

Era un viejito que le hacía señas desde un bote de remos.

El Amor dijo:

—¿A mí?

—Sí, sí —dijo el viejito—, a vos. Vení conmigo, yo te salvo.

El Amor lo miró y dijo:

—Mirá, lo que pasó fue que yo me quedé...

—Yo entiendo —dijo el viejito sin dejarlo terminar—, subite, yo te voy a salvar.

El Amor subió al bote y empezaron a remar para alejarse de la isla, que en efecto terminó de hundirse unos minutos después y desapareció para siempre.

Cuando llegaron a la otra isla, el Amor comprendió que seguía vivo, que iba a seguir existiendo gracias a este viejito, que sin decir una palabra se había ido tan misteriosamente como había aparecido.

Entonces, el Amor se cruzó con la Sabiduría y le dijo:

—Yo no lo conozco y él me salvó, ¿cómo puede ser? Todos los demás no comprendían que me quedara, él me ayudó y yo ni siquiera sé quién es...

La Sabiduría lo miró a los ojos y dijo:

—Él es el Tiempo. Y el Tiempo, Amor, es el único que puede ayudarte cuando el dolor de una pérdida te hace creer que no podés seguir.

Capítulo 7. Diferentes tipos de pérdidas. Duelos de muerte

Hablar de nuestra pena nos ayuda a calmarla.
Pierre Corneille

Tal como lo hemos dicho, los duelos no son el patrimonio exclusivo de la muerte de alguien porque, como dijo Rochlin:

Somos seres imperfectos limitados por lo imposible.

Hay un duelo por delante en la vida de todo aquel que sufre una pérdida, que atraviesa un cambio, que deja una realidad para entrar en otra.

En este capítulo vamos a animarnos a hablar un poco de la dolorosa experiencia de los duelos por la desaparición física de un otro.

La muerte de un ser querido

> La muerte es algo natural, incontrastable e inevitable.
>
> Hemos manifestado permanentemente la inequívoca tendencia a hacer a un lado la muerte, a eliminarla de la vida. Hemos intentado matarla con el silencio. En el fondo nadie cree en su propia muerte. En el inconsciente cada uno de nosotros está convencido de su inmortalidad. Y cuando muere alguien querido, próximo, sepultamos con él nuestras esperanzas, nuestras demandas, nuestros goces. No nos dejamos consolar y hasta donde podemos nos negamos a sustituir al que perdimos.
>
> SIGMUND FREUD, 1917

La muerte de un ser querido, cualquiera sea el vínculo, es la experiencia más dolorosa por la que puede pasar una persona.

Toda la vida, en su conjunto, duele. Nos duele el cuerpo. Nos duele la identidad y el pensamiento. Nos duele la sociedad y nuestra relación con ella. Nos duele el dolor de la familia y los amigos. Nos duele el corazón y nos duele el alma.

En esta pérdida como en ninguna otra situación el dolor atraviesa el tiempo.

Duele el pasado,
duele el presente
y especialmente duele el futuro.

Esta experiencia tan dramática es parte inevitable de la vida adulta y la probabilidad de pasar por ella aumenta a medida que pasa el tiempo. El riesgo de vivir un duelo por alguien querido crece con mi propio envejecer y con mi propio riesgo vital.

Frente al desgarro que significa la ausencia, parecería que solamente el regreso del ser amado podría significar "un verdadero consuelo", y el darse cuenta de que eso es imposible suma la impotencia absoluta al dolor de la ausencia.

A veces me da la sensación que nuestra sociedad, tan "dolorofóbica", siempre intenta subestimar la experiencia dolorosa y discapacitante del duelo. Y cuando lo denuncias te dice que lo hacía con la mejor de las intenciones, para ayudar al que sufre la pérdida a salir adelante. Pareciera que un individuo en duelo debiera ocuparse justo en esos momentos de demostrar que es sano y normal y por ello según el prejuicio popular esforzarse para superar la pérdida con rapidez y sin ayuda de ningún tipo.

Nada más lejos de la verdad, como fue dicho.

No hay ninguna duda de que las herramientas más útiles en estos momentos son un abrazo cariñoso, la posibilidad de compartir nuestra historia, el llanto acompañado, el hombro firme dispuesto a recibir nuestra cabeza cansada y el oído amoroso atento a nuestra necesidad de hablar. Nadie mejor que nuestra familia para atender estas demandas.

Los que estudian el proceso del duelo nos explican que ésta es la razón de por qué la muerte de un miembro de la familia de origen (padre, madre, abuelo) suele ser tan conmocionante. No sólo afecta a cada integrante individualmente sino que afecta al grupo como un todo, lo cual complica la situación de todos porque es paradójicamente en la familia misma donde podemos encontrar el mejor apoyo y la más útil ayuda (de la situación especial que es la muerte de un hijo hablaremos más adelante, al final de este capítulo).

Es imprescindible que en estos casos la familia transforme su debilidad en una fortaleza y haga lo que sea necesario para permanecer más unida que antes en estas situaciones y no dejarse tentar por las inculpaciones, recriminaciones y celos que ya no tienen vigencia ni ayudan a ninguno. Es necesario (yo diría mejor, imprescindible) compartir el dolor con valentía y extremo respeto por los estilos individuales. La situación es demasiado dolorosa como para que cada uno tenga que recuperarse solo o buscar el apoyo fuera de su hogar, con aquellos a los que no les pasa lo mismo que a nosotros...

En esos duelos, los peores días del año suelen ser las fiestas. Más allá de la ya explicada reacción de aniversario, esto sucede porque dentro de la familia estos eventos evocan demasiados recuerdos de aquellos momentos llenos de alegría e inundados de la presencia de los ausentes. Imágenes que ahora contrastan con la tristeza del duelo compartido.

Cada fin de año, por ejemplo, con su tradicional balance de lo hecho, suele complicar aún más la situación dolorosa de la pérdida.

Las diferencias

Uno de los aspectos más sorprendentes que aparecen frente a una muerte es el darse cuenta de que no todos manifestamos nuestro dolor de la misma forma:

¿Por qué siento que no puedo soportar este dolor y mi amiga que también perdió a su esposo no se ve o no se siente tan mal?

¿Por qué me siento desfallecer frente a la muerte de mi madre y mi hermano no?

Las reacciones varían (y es normal que así sea) no sólo entre diferentes personas (aun miembros de una misma familia) sino también en uno mismo en diferentes momentos vitales, en diferentes edades o en distintas circunstancias en las que se encuentra uno cuando sucede la pérdida.

Hay varios factores, circunstancias y fenómenos que se podrían considerar elementos de ayuda a la elaboración de un duelo y también los hay que ponen en riesgo el proceso de evolución de un duelo normal. Por ejemplo, en general cuanto más rápida, imprevista y traumática sea la muerte, mucho mayor será el impacto emocional y lo mismo sucederá cuanto más afecte esa pérdida a la vida diaria del sujeto.

Igualmente la elaboración de un duelo estará condicionada por el grado de facilidad o dificultad que tenga la persona a la hora de expresar lo que siente.

El grado de presencia o ausencia de estos o aquellos factores puede hacer que el proceso de elaboración sea más natural o más disfuncional.

Los diez factores que intervienen a la hora de determinar el previsible grado de salud de un duelo

1. La calidad de la relación con la persona (íntima o distante. Asuntos inconclusos).

2. Forma de la muerte (por enfermedad o accidente, súbita o previsible).

3. La personalidad de uno (temperamento, historia, conflictos personales).

4. Participación en el cuidado del ser querido antes de fallecer.

5. Disponibilidad o no de apoyo social y familiar.

6. Problemas concomitantes (dificultades económicas, enfermedades).

7. Pautas culturales del entorno (aceptación o no del proceso de duelo).

8. Edades extremas en el que pena (muy viejo o muy joven).

9. Pérdidas múltiples o acumuladas (perder varios seres queridos al mismo tiempo).

10. Posibilidad de ayuda profesional o grupal (capacidad de pedir ayuda).

El suicidio de un ser querido

La muerte por suicidio merece en este apartado un matiz adicional dado que como norma suele dificultar y a veces hasta impedir la elaboración y superación del duelo.

Y esto se debe a que la mayoría de las veces por más que uno lo intenta, nunca consigue entender las razones que llevaron a un ser querido a quitarse la vida.

El suicidio deja siempre detrás de sí muchas preguntas.

Después de que un ser querido atenta contra su vida es natural sentir mucha rabia y enfado hacia la persona que te abandona. Si, como hemos dicho, es casi esperable enojarse con el que se muere aunque haya muerto en un accidente, cuánto más lógico suena enojarse cuando él o ella decidieron su propia muerte.

A veces me parece que si el suicida tuviera real conciencia del daño que produce en la familia cercana, sobre todo en los hijos cuando los hay, no se suicidaría.

Si de verdad supiera lo que los hijos irremediablemente piensan cuando su padre o su madre deciden matarse o dejarse morir…

Ni siquiera pensó en mí.
Yo no era una buena razón para que siguiera viviendo.
Si sólo hubiera estado a su lado en ese momento,
lo hubiera evitado.
No le importó lo que a mí me pasaría.

Y esto es muy doloroso para poder sustentar después la autoestima del que queda.

Claro que el que se suicida no puede pensar en esto en ese momento.

De alguna manera su capacidad de análisis deductivo está interrumpida y no le permite razonar adecuadamente (si así no fuera, posiblemente ni siquiera estaría en condiciones de matarse, porque su propio instinto de conservación lo detendría).

Frente a un suicidio seguramente también nos invada un exagerado y a veces absurdo sentimiento de culpabilidad. Nos sentimos mal por algo que dijimos o no hicimos, como si una actitud diferente de nuestra parte hubiera podido por sí sola cambiar el desenlace.

Es necesario tener muy claro después de una muerte de estas características que ninguno de nosotros pudo elegir por él o por ella, que la decisión del suicidio fue enteramente suya. Aceptar que a pesar de todo lo que uno hubiera podido decirle, las palabras nunca alcanzan para cambiar una decisión tomada.

Aun frente al suicido de un ser cercano, a medida que la tormenta de emociones va calmándose, surge poco a poco la aceptación. Habrá que darse tiempo para llegar allí, porque un duelo por suicidio puede necesitar más tiempo para sanar. Habrá que ser paciente y trabajar mucho la idea del respeto por la elección del otro, aunque uno no esté de acuerdo, aunque se sienta perjudicado, aunque no lo entienda.

Duelo anticipado

El tema genera cierta controversia aun a la hora de decidir a qué se refiere. En este libro hablaré de él como el proceso que ocurre en anticipación de una pérdida previsible y que incluye muchos de los síntomas de un duelo normal.

Los siguientes aspectos están siempre presentes:

1) tristeza,
2) preocupación por la persona que va a morir,
3) ensayo mental de la situación del deceso,
4) ajuste previo a las consecuencias de la muerte,
5) vivencia efectiva de la despedida al paciente.

De todas maneras hay un error ingenuo en la utilidad que pueden tener estos duelos. Error que se genera en la falsa idea de que hay un volumen de tristeza fijo y que si se experimenta antes disminuye la pena que "queda" para después de la pérdida.

Afortunada o lamentablemente las emociones no funcionan así.

De todas maneras esto no significa que los duelos anticipados no sirvan para nada, porque de hecho algunos estudios aportan datos que documentan que el duelo de anticipación puede mejorar la capacidad de adaptación de los familiares y a veces acortar el tiempo de recuperación del dolor de la pérdida.

Para dejar claro que los especialistas no se ponen de acuerdo, un amplio grupo de investigadores afirman, en cambio, que la anticipación del duelo casi nunca ocurre y que cuando se la intenta es perniciosa para todos. Ellos dicen con buenos argumentos que aceptar la muerte de una persona querida antes de tiempo podría dejar al familiar con la culpa posterior de haber abandonado al paciente antes del final. En lo desaconsejable se suma también el hecho de que el paciente que percibe a su alrededor la actitud familiar experimente un dolor adicional por la percepción no confirmable de su supuesta muerte inminente.

En todo caso lo que seguramente existe es la natural anticipación por agotamiento de los familiares de pacientes en largas agonías, aunque en estos casos tampoco se evita por completo el dolor del momento efectivo de la muerte.

Integrar el pensamiento con el sentimiento

Una cosa es ponerse triste, y otra muy distinta es poder llorar. Saber que uno está enojado no es lo mismo que expresar mi enojo.

Aceptar conscientemente un sentimiento no produce necesariamente la capacidad de expresarlo. Y en el caso del dolor de un duelo, está claro que el proceso necesita de ambas caras de esta misma moneda.

En el duelo, el cuerpo se acoraza (en muchos casos literalmente se endurece por la contractura muscular defensiva y bloqueante), se defiende tratando de amortiguar el impacto que produce el dolor.

Poder expresar los sentimientos que produce una pérdida, ya sea la pena, la rabia o el miedo... nos ayuda a enfrentar el dolor para poder luego cicatrizar la herida del alma.

Si permanecemos "fuertes", sólo estamos tapando el dolor y esta represión no sólo impide el final del duelo sino que conspira contra nuestro crecimiento, impide ser definitivamente adultos.

El dolor puede y va a enseñarnos irremediablemente a darle un nuevo sentido a la vida, va a cambiar valores y prioridades.

Por ejemplo, aunque sea doloroso hasta enunciarlo, es natural que (afortunadamente) pasemos alguna vez por el duelo de la muerte de nuestros padres.[3] Es natural aunque nos cueste aceptarlo que asistiremos en nuestras vidas a la desaparición física de otros seres queridos, y algunos peligrosamente tan jóvenes como nosotros...

Quizás ahora te parezca imposible,
pero con el tiempo,
se supera incluso la muerte de la persona amada.
Y llega el día en el que podés decir que la vida continúa
y que te sentís feliz de estar vivo,
sin necesidad de olvidar a quien ya no está.

Duelo por viudez

Blues del Funeral

Paren todos los relojes,
corten el teléfono
eviten que el perro ladre
silencien los pianos
y con un sonido suave entren el ataúd,
cierren las puertas

3. Digo afortunadamente porque lo desafortunado o más bien insoportable es pensar en condenar a los padres a asistir a la muerte de los hijos.

impidan que vuelen los aviones.
Ha muerto,
coloquen crespones
callen a los niños
desaparezcan las flores
vacíen el océano
y limpien el fondo;
pensé que el amor duraría para siempre:
me equivoqué.
Era mi norte, mi sur, mi este y mi oeste
mi semana de trabajo
y mi domingo de descanso,
mi mediodía,
mi medianoche,
mi conversación,
mi canción;
ya no se necesitan las estrellas,
sáquenlas todas;
llévense la luna
y desmantelen el sol;
pues nada volverá a ser como antes.

W. H. Auden (1907–1973)

Cuando la realidad conocida se rompe, lo seguro y ordenado se vuelve caótico.

El mundo parece hostil y nada puede aliviar la incertidumbre y la inseguridad.

Cuando el provisorio orden era compartido con otro que ya no está, aparece la desesperación y el vacío.

Sólo por la interacción se mantiene el sentido del individuo en el mundo y su identidad, quizá por eso los que pierden su pareja dicen haber perdido una parte esencial de ellos mismos y se sienten extraños y ausentes.

Tal como lo aseguran dos colegas argentinas, especializadas en duelo, la licenciada Silvia Alper y la doctora Diana Liberman, la pérdida del esposo o de la esposa siempre impone un grado superlativo de desorden, menoscaba el sentido de la vida y amenaza la identidad.

La consecuencia más extrema e irreversible es lo que se ha dado en llamar el "síndrome del corazón roto", donde la muerte del cónyuge precipita la propia.

Hace muchos años, mientras yo era practicante en la guardia médica del Instituto de Cirugía de Haedo, recibimos un llamado para atender una emergencia en una casa cercana al hospital. Dos médicos, una enfermera, el camillero, el chofer y yo nos subimos con el equipo de resucitación necesario a la ambulancia y en menos de cinco minutos llegamos a una humilde casa del barrio.

Entramos al cuarto de la enferma, una mujer de unos 70 años en paro cardíaco. Lamentablemente no hubo mucho para hacer y pese a todas las maniobras confirmamos que el hecho era irreversible.

Con dolor le contamos a la hermana de la paciente, que estaba en el cuarto, que no había nada más que hacer y que íbamos a llevar el cuerpo al hospital para los certificados y trámites.

La señora salió del cuarto y le dijo a un señor que según nos enteramos después era el marido de la mujer fallecida:

—María murió.

El hombre palideció.

Se dejó caer en una pequeña silla de mimbre y dijo:

—Me quiero morir...

Esas fueron sus últimas palabras.

Nada pudimos hacer los seis profesionales presentes, ni el equipo que traíamos, ni la posibilidad de trasladarlo de inmediato.

El hombre dijo "me quiero morir" y se derrumbó.

Dadas las condiciones de la muerte, se hizo una autopsia de su cuerpo que arrojó un resultado que todos preveíamos:

Estallido cardíaco.

La muerte de su compañera le había ROTO EL CORAZÓN... literalmente.

En los países sajones la muerte del cónyuge es la primera de las situaciones listadas por intensidad en una estadística de "situaciones dolorosas", que ha sido tomada como referencia desde hace muchísimo tiempo y confirmada año tras año.

Para estas estadísticas (que seguramente no darían iguales resultados en nuestros países latinos) la desaparición del marido o de la esposa sería la máxima causa de dolor entre la población de entre 25 y 70 años. La estadística es ésta:

LISTA DE CAMBIOS	DOLOR
Muerte del cónyuge	100
Condena efectiva en la cárcel	91
Muerte de un familiar cercano (hijo)	83
Divorcio	80
Despido del trabajo, achicamiento económico	76
Muerte de un familiar cercano (hermano, padres)	65
Enfermedad personal o accidente grave	60
Casamiento	50
Muerte de un amigo cercano	48
Jubilación	45
Enfermedad o accidente grave de un familiar	44
Dificultades sexuales	39
Crecimiento de la familia (nacimiento, adopción)	39

Gran cambio financiero	38
Muerte de una mascota	37
Cambio de trabajo	36
Discusiones repetidas con la esposa	35
Hipoteca bancaria de más de $ 15.000	31
Gran cambio en el trabajo (promoción o transferencia de local)	29
Hijo o hija que dejan la casa (matrimonio, universidad, ejército)	29
Problemas legales	29
Esposa que comienza a trabajar	26
Mudanza, remodelación o refacción en la casa	25
Problemas graves con el jefe	23
Cambios en la vida social	18

Cuando pregunté a alguno de mis maestros de los Estados Unidos la razón de esta discordancia, argumentando que, para nosotros, la lista sería encabezada sin lugar a dudas por la situación de la muerte de un hijo, me contestó con un argumento que no alcanzó a convencerme, pero me obligó a pensar en una arista que hasta entonces yo no había tenido en cuenta.

Cuando un hijo se muere y la pareja se mantiene unida, hay dos a los que les está pasando lo mismo, hay alguien que puede comprender, porque lo comparte, lo que nos pasa. En cambio cuando la pareja es la que muere, a nadie… repito, a nadie, le está pasando lo mismo. Estamos verdaderamente solos en nuestro dolor.

El hombre y la mujer que se quedan solos en el nido se definen como quebrados (así lo expresan muchas veces). Éstas son algunas de las cosas que dicen los viudos y las viudas:[4]

- *La herida nunca se borra del todo.*
- *El dolor de la pérdida de la pareja te desgarra internamente y uno se pregunta cómo seguir viviendo.*
- *El silencio hiere los oídos, el hogar se convierte sólo en una casa.*
- *El llanto, y la rabia, se vuelven tu diaria compañía.*
- *No podés definir si sentís pena por el que se fue o por vos mismo.*
- *¿Cómo seguir respirando, caminando, haciendo lo cotidiano sin ella?*
- *¿Mi capacidad de amar podría seguir existiendo?*
- *Después de la muerte de la pareja uno está desparramado como una baraja de naipes arrojada al aire.*

No se puede generalizar pero cuando muere la pareja de alguien después de muchos años de convivencia, la identidad que está irremediablemente armada en relación al vínculo, se ve lógicamente amenazada.

El gran desafío es, pues, poder encontrar las herramientas y los recursos necesarios para reconstruirse y hacer frente a una vida que por ser totalmente distinta se nos aparece tan difícil.

4. Hay varias páginas de Internet que recogen sus testimonios:
www.coadargentina.com.ar
www.grief.com
www.duelum.com.ar
www.widow.com

En un planteo más que interesante Lopata define hasta diez "tipos de soledad" diferentes que podrían llegar a padecer (a la vez) aquellos que viven el duelo por la muerte de la pareja.

1. Extrañan a la persona en concreto.
2. Extrañan el hecho de sentirse queridos.
3. Extrañan la posibilidad de querer a otro.
4. Extrañan una relación profunda.
5. Extrañan la sensación de que hay alguien en casa.
6. Extrañan la posibilidad de compartir las tareas.
7. Extrañan la forma de vida de la gente casada.
8. Extrañan la satisfacción de ir acompañados.
9. Extrañan la vida sexual.
10. Extrañan las amistades en común.

Diferencias de género

Dado que la expectativa de vida de las mujeres al nacer es mayor que la de los hombres de su misma clase y condición,[5] la viudez de las sociedades civiles urbanas de Occidente es un fenómeno que tiene mayor incidencia entre las mujeres.

Dice mi amigo Eduardo:
Mucha igualdad de género, mucho sexo débil, mucho derechos de las mujeres a salarios justos y demás... ¡pero el mundo está lleno de viudas!

---

5. En la Argentina la edad es de 75 años para las mujeres y de 68 para los hombres. Fuente: Dirección de Estadísticas de las Naciones Unidas (1998).

Muchas mujeres fueron educadas para idealizar el amor, y siempre dependieron del hombre para subsistir social, económica y por consiguiente psíquicamente. Si bien la dependencia económica está disminuyendo, la psíquica continúa, por lo que no pueden evitar sentirse desamparadas cuando pierden al compañero.

Un hombre en actividad que pierde a su mujer puede sentirse desconsolado, triste y amenazado por su futuro de soledad pero difícilmente se derrumbe totalmente. Esto se debe a que en nuestra cultura las mujeres estructuran su identidad (es decir su subjetiva definición de quiénes son y para qué están en el mundo) en torno de los vínculos, mientras que la mayoría de los hombres la construyen en torno de su trabajo.

Si hombres y mujeres hicieran suya la frase de Ortega y Gasset:
"Yo soy yo y mi circunstancia".

Ellos dirían de sí mismos: "Yo soy yo y todo lo que sé hacer".
Las mujeres dirían en cambio: "Yo soy yo y todos aquellos a quienes amo".

Seguir sin mi pareja

Mi amiga Silvia Salinas escribió un libro cuyo título nos inicia en este camino, se llama *Todo (NO) terminó* y nos habla de la necesidad de darnos cuenta de que después de una pérdida se puede volver a amar, a pesar del dolor, y a sorprendernos sabiendo que el dolor y el amor pueden no sólo sucederse sino además coexistir.

La persona que murió no se pierde, porque, como hemos visto, es interiorizada emocionalmente. Los que quedan vacantes son los roles que ocupaba.

Cuando murió mi esposa sentí que su muerte era como un tsunami.

Fui perdiendo de a poco a todos mis amigos, mis hábitos, mis lugares favoritos, la posibilidad de disfrutar de la música que más me gustaba.

No sabía cómo se pagaba la luz, dónde se compraba la fruta ni cómo se conseguía la leche.

Mis hijos, mis vecinos y mis nietos me trataban como si fuera un inútil.

Un día me di cuenta de que sólo había para mí dos opciones: la vida y la muerte, y también me di cuenta de lo atractiva que era para alguna de mis partes más heridas la segunda posibilidad.

Sin embargo a partir de ese día algo cambió. Junté a todos mis familiares en la cocina de mi casa y les dije:

—Quiero que sepan que me quedé viudo, no descerebrado.

Ese día todo empezó a retomar su rumbo.

Entonces digo que en esta historia y en todas las que se le parecen si creo que "yo no podría soportar que no estés"... realmente no voy a poder soportarlo.

Que es la misma historia de los de "yo nunca voy a poder dejar de fumar"... y siguen fumando.

Y los de "nunca voy a poder hacer una dieta para adelgazar"... y siguen comiendo de más.

Mientras yo me crea que nunca podría algo, cualquier cosa, lo más seguro es que no voy a poder.

Esto es así.

Los humanos llevamos con nosotros el peso de nuestra capacidad (a veces subconsciente) de transformar en realidad, si de nosotros depende, nuestras más catastróficas profecías. Si yo me creo que no voy a poder soportar tu ausencia, si me creo que no puedo seguir sin vos, si me convenzo de que mi vida ha terminado, es posible que todo eso suceda.

Dejame que te cuente algo que sucede realmente en una tribu en el norte de África.

Es costumbre que cuando alguien comete un hecho muy grave, por ejemplo mata a otro miembro de la tribu, se haga una junta, una reunión de todos los jefes de la tribu.

Si lo encuentran culpable lo condenan a muerte. Lo maravilloso es que la condena significa hacerle una marca con tinta en el hombro. Es una marca rara, que en la tribu es el símbolo de la muerte.

A partir de ese día el condenado es alojado en una carpa a unos diez metros de los otros, nada más. Nadie lo toca, nadie le hace nada, si quiere comer, come, si quiere beber, bebe, nadie le dirige la palabra, nadie habla con él, está muerto.

Dos meses después de la condena, el reo muere, muere sin que nadie le haya tocado un pelo. Y no muere porque le pase algo en especial, ni porque la marca sea venenosa, muere sólo porque cree que se tiene que morir.

En esa cultura y en ese rito él está convencido de que estando condenado a muerte y teniendo la marca, se va a morir, y por supuesto se muere, literalmente, se muere.

Como ya lo dije, cuando la pareja muere todos sus roles quedan vacantes y hay que aprender a reacomodarse.

No es que me duela sólo el haber perdido un contador, un jardinero, un compañero sexual y un padre protector...
No es que me lastime sólo el haberme quedado sin cocinera, ama de llaves, planchadora, consejera, partenaire sexual y enfermera...
Pero también es eso.

Según los especialistas, un duelo termina cuando uno puede volver a insertarse en la vida con nuevos proyectos, cuando decide que ya no está "muerto" y entonces puede pasar del dolor intenso e insoportable a otro dolor también presente, pero menos intenso y de allí, con el tiempo, al amor por otros (la familia, una nueva pareja, los amigos).

Después de la muerte de tu pareja es ciertamente muy difícil permitirse una nueva relación. No es indispensable hacerlo pero es importantísimo saber que es posible.

Divorcio

Recordar es el mejor modo de olvidar.
SIGMUND FREUD

Quizás suene raro encontrar esta palabra como título aquí, mezclada entre muertes y duelos funerarios. Y sin embargo, si volvemos unas páginas atrás a revisar la cuestionada estadística de dolores que allí aparece, veremos que el divorcio está muy vivencialmente bastante cerca de la catastrófica situación de muerte de la pareja.

Si revisamos las características de lo expuesto para los viudos y viudas, y sobre todo si volvemos a leer la lista de las soledades vivenciales de los que están de duelo nos encontraremos con los mismos dolores que nos cuenta cada uno de nuestros amigos que acaba de divorciarse. También ellos nos hablan de la ausencia física del compañero o de la compañera, de sus dificultades afectivas, de la pérdida de amigos y posibilidades, de la dificultad para recomenzar una vida normal.

Me he entrevistado con cientos de personas en toda mi vida como terapeuta y me he cruzado con algunos miles de parejas que padecen cada día y sobre todo cada noche, las consecuencias de su pésima relación interpersonal, de la falta de proyectos comunes o de la terminación del amor, pero a pesar de su sufrimiento por estas cosas, me dicen y declaman por el mundo que hacen todo lo que hacen y que harían más todavía porque no soportarían el dolor que significa enfrentarse con una separación. Hombres y mujeres que aparentan mucha seguridad y lucidez en otras áreas de sus vidas pero que viven cagándose la vida porque creen que no podrían soportar vivir durante seis meses el dolor que les ocasionaría no estar más en pareja o la pérdida de su matrimonio con esa persona.

Siempre me parece que eso no es amor, ni tiene nada que ver con él. Eso es estar enganchado con alguien y no estar cerca de él.

Estar juntos y conectados es vivir una relación donde él o ella pueden irse, acercarse, distanciarse para hacer sus cosas antes de regresar o quedarse y decidir hacer otra cosa que la que el otro quiere. Una relación donde lo propio nunca descarta lo compartido.

Otra cosa es estar enganchados.

Enganches, manipulación y co-dependencia

Engancharse no es estar juntos, es retener, aprisionar, anclar, enredar, rellenar todos los espacios del otro creyendo que así lo completo. Pero la dependencia nunca sirve para completar ni para conectar con el otro. Solo sirve para tironear, para retener, para atrapar al otro y creer que con eso impido para siempre que se pueda ir.

Esto no es estar juntos ni tiene que ver con amor. Esto es un disfraz de la manipulación y un intento de controlar la vida del otro.

"Para escaparte de mí vas a tener que lastimarte y lastimarme, porque en este enganche estamos los dos atrapados".

Plantear las cosas así es siempre un síntoma de disfuncionalidad en el vínculo y no hace falta indagar mucho para encontrarse con la manifiesta incomodidad de ambos cuando las relaciones toman este cauce. Lo extraño es que a pesar de eso pareciera que nos seducen estas situaciones de control, propias y ajenas, nos encanta estar enredados en estos vínculos "seguros", vivimos de alguna manera armando estrategias, conscientemente o no, para tener al otro atrapado, para que el otro no se escape, para que no se vaya. Nos llenamos la boca diciendo estupideces escalofriantes que solemos levantar como estandartes de las relaciones de pareja ideales:

"Los dos somos uno".
"Somos una sola carne".
"Yo para el otro y el otro para mí".

Y la máxima preferida de estos supuestos "amantes infinitos":

"No puedo vivir sin vos".

Si por un momento pudiéramos desprendernos de la caricia narcisista que tanto nos agrada comprenderíamos lo infame de este símbolo que condena a ambos al sufrimiento garantizado. Uno haciendo depender SU VIDA del otro y éste teniendo que hacerse responsable por la existencia de su amado o su amada. ¡Qué pesado que suena!

Un planteo un poco más tibio pero igualmente condicionante es el de aquellos que te dicen, con cara de carneros degollados...

"Ahhh... me hacés tan feliz".

Y yo digo siempre, aunque te encante la mentira de creerte que sos tan poderoso como para hacer feliz a la persona que amás: no aceptes esa responsabilidad. ¡No aceptes!

No tanto porque no es cierta (nunca lo es) sino porque si aceptás que sos capaz de hacer feliz al otro vas a tener que aceptar que en algún momento con todo derecho te digan:

"Vos me arruinás la vida".

No tenés el poder de hacerme feliz, nunca lo tuviste, aunque yo quiera concedértelo, aunque vos quisieras tenerlo; y por eso, tampoco el poder para hacerme infeliz.[6]

Me puede lastimar algo que hagas, algo que digas, eso sí, seguramente. Pero ¿hacerme sufrir? La verdad que no.

Pensalo. ¿Qué puede hacer el otro?

"Podría hacer todo lo que a vos no te gusta y nada de todo lo que te agrada".

Muy bien, comprendo.
Pero si hace todo lo que te disgusta ¿para qué te quedás a su lado?

"Me quedo porque lo quiero".

Bueno, acepto tus razones, pero… si vos te quedás porque lo querés ¿es el otro el que te está haciendo sufrir? De ninguna manera.
Soy yo quien elijo a esta persona, soy yo quien decide quedarse, soy yo el responsable de mi dolor. Soy yo el que me hago sufrir.
Es posible que no sea sólo yo, pero seguro que tiene que ver más conmigo que con vos.
Sobre todo por el condicionamiento que produce en mí aquello que al principio llamamos el "sistema de creencias" de

6. De paso… si no tenés el poder de hacerme sufrir mientras estás conmigo, menos aún tendrás ese poder si nos separamos.

cada uno. En este caso si me creo que MI felicidad es TU responsabilidad...

Si para que yo sea feliz vos tenés que hacer tal cosa
y tal otra.
Y para que yo sea feliz vos tenés que conducirte de
tal manera.
Y para que yo sea feliz vos no tendrías que decir
estas cosas ni tales otras.
Y no deberías ni pensar en ellas.
Si para que yo no sufra vos deberías querer exactamente lo que yo quiero, en el exacto momento en que
yo lo quiero y por supuesto, dejar de querer ninguna
otra cosa (no sea cosa que lo quieras en un momento
que no es el momento en que yo la quiero)...
Estoy en problemas...

Pero a veces no estoy tan claro o no quiero enterarme de
cómo son las cosas o no soporto hacerme responsable de mis
falencias y prefiero pensar que sufro por tu culpa.

Sin embargo no me voy, me quedo.
¿Para qué me quedo? O en todo caso, ¿qué excusa me doy?

Atención (y no te rías):

"Estoy esperando que cambies...".

O peor aún:

"Me quedo para cambiarte".

"Para conseguir que seas diferente".

"Para lograr que quieras exactamente eso que yo quiero".

Y todo esto por qué... porque no soporto la idea de perderte. Para no perderte, te voy a cambiar.

Lo cual significa que primero voy a martirizarte y martirizarme aunque en la práctica después de todas maneras termine perdiéndote. Tres dramas al precio de uno.

Aceptar y soltar

Es mucho y perturbador lo que hacemos todos para intentar evitar una pérdida. Nunca queremos tener que pasar por la elaboración de un duelo y menos cuando no fuimos nosotros los que elegimos estar en esa situación.

Aunque cabe siempre una pregunta: ¿estamos tan al margen de la decisión de separación que nos anuncia nuestra pareja?

Después de todo, ¿quién quiere estar al lado de alguien que ya no te quiere?

Yo no, vos tampoco, y seguramente ninguno de los que leen esto en este momento.

Cuando me doy cuenta de esto, dejo de pretender agarrarte, dejo de querer engancharte, abro los brazos y permito que te vayas; sabiendo que una vez que termine de elaborar esta pérdida la herida no dolerá, una vez que renuncie a lo que ya no está, voy a quedar libre de ese pasado, para elegir con quién quiero seguir el camino, si es que pretendo seguir acompañado.

Pero preferimos tratar de ver cómo hacemos para manipular la conducta del otro para que haga lo que nosotros queremos, antes que pasar por el camino de las lágrimas y dar lugar después de llorar, a una persona que sea más afín con mis gustos y principios.

En algunos casos es como si obtuviéramos más placer en establecer nuestro poder, que en buscar otro que quiera lo que yo quiero, aunque las más de las veces es la voz de mi yo más neurótico que me alerta: Quizás no encuentre nunca más a alguien que me quiera (*porque quién me va a querer ahora*); me dice que me quede, que insista, que retenga a mi compañero o compañera (*porque más vale malo conocido...*), y etc. etc. etc...

Pero el motor no es el amor, es el miedo a lo que sigue, es la falsa seguridad que me da lo conocido, es la ilusión de tranquilidad que encuentro en lo que supuestamente tengo (aunque en realidad ya no lo tenga de verdad).

Lo puedo comprender y hasta justificar, pero no tiene nada que ver con el amor.

Con mi mejor amigo, con mi hermano, con mi hijo, cuando nuestras apetencias no coinciden es claro que lo mejor que nos puede pasar es que cada uno de nosotros pueda hacer lo que en realidad tiene ganas y encontrarnos después, posiblemente, para compartir aquello que más le gustó y aquello que más me gustó a mí.

Con la pareja pasa exactamente lo mismo, pero para poder llevarlo a la práctica hay que aprender a soltar, y para eso hay que empezar por dejar de temerle a la pérdida.

"¡Ah, no!, ¿y si ella sale con un amigo y resulta después que el amigo le gusta más que yo?, mejor que no salga con ningún amigo, mejor que no vea a ningún hombre, mejor que use anteojeras por la calle, mejor que nunca salga a la calle".

"¡Ah no!, y si él sale con sus amigos y se encuentra con otra chica, y si después los dos... vaya a saber... mejor lo controlo, mejor lo celo, mejor me le cuelgo encima para que no haya ninguna posibilidad de que me abandone".

Éste es un martirio persecutorio y siniestro producto de mi propia dificultad para enfrentarme con la pérdida.

Y decimos que lo hacemos porque los queremos mucho!!!???
¡¡¡¿¿¿Y pretendemos que nos crean???!!!
¡¡¡Qué caraduras que somos... y qué mentirosos!!!

La verdad es que nos cuesta aprender a soltar, no nos enteramos de que el único camino que conduce al crecimiento es el de elaborar los duelos que inevitablemente voy a enfrentar por las cosas que queden en el pasado y que la historia de mis pérdidas es el necesario pasaporte para llegar a lo que sigue.

> Si de noche lloras
> porque el sol no está,
> las lágrimas
> te impedirán ver las estrellas.
>
> RABINDRANATH TAGORE

Seguir llorando aquello que ya no está, me impide disfrutar esto que tengo ahora.

Enfrentarse con lo irreversible de la pérdida, en cambio, es aceptar el duelo, saber que aquello que era, **ya no es más** o por lo menos no es como era.

De hecho las cosas NUNCA son como eran. Nunca es lo mismo.

Decía Heráclito:

Imposible bañarse dos veces en el mismo río.
Ni el río trae la misma agua ni yo soy ya el mismo.

No digo cambiar por cambiar, ni dejar por capricho, ni abandonar porque sí; sino darme cuenta de que cuando algo ha muerto, cuando algo ha terminado, es un buen momento para empezar a soltar.

Cuando ya no sirve, cuando ya no quiere, cuando ya no es; es el tiempo de soltar.

La verdad es que la pregunta que hago a todos es la que me hago a mí.
Si mañana yo llego a mi casa y mi esposa, después de 25 años de casados, me dice que no me quiere más... ¿qué pasa?
Dolor, angustia, tristeza y más dolor.

Y luego, las dudas. Me pregunto:
¿Quiero yo seguir viviendo con alguien que no me quiere?
Yo, no ella, **yo** ¿quiero seguir?
La quiero enormemente.
¿Alcanza? ¿Puedo yo quererla por los dos?

La verdad... que no.

Y la verdad es que ésta es la historia: como sé que no puedo determinar que me quieras ni quererte por ambos, entonces... te dejo ir.

No te atrapo, no te agarro, no te aferro, no te aprisiono.

Si te amo de verdad, si alguna vez te amé, no voy a querer retenerte.

Y no te dejo ir porque no me importe, te dejo ir porque me importa muchísimo.

Te abro la puerta porque, como ya te dije alguna vez, no existe un amor que no se apoye en la libertad.

"Pero, Jorge, hay situaciones, momentos, donde una pareja pelea y lucha por el vínculo y después de un tiempo de roces se vuelven a encontrar".

Sí, es verdad. Hay miles de parejas que antes de encontrarse debieron separarse. Hay muchas que se separaron y nunca se volvieron a encontrar y por supuesto hay miles más que no se separaron nunca y vivieron amargándose la vida, día tras día, semana tras semana, durante el resto de su existencia. Pero el final de la historia de una pareja nunca está determinado por la fuerza o la habilidad de cada uno de los dos para mantener prisionero al otro.

En un divorcio, la elaboración del duelo también significa aprender que en una separación, la pérdida de este vínculo puede muy bien conducir a un encuentro mayor, a un vínculo nuevo, sano, diferente, recién nacido y sin las pesadas "herencias" del vínculo muerto.

Cuando una pareja en problemas viene a consultar a un terapeuta, basta que uno de los dos sienta sinceramente que todo terminó, que no quiere nada más, que no tiene emociones comprometidas en ese futuro común, que se acabó el deseo…, basta que uno sostenga que agotó todos los recursos pero no le pasa nada…, basta eso para que el profesional sepa que es poco lo que puede hacer, que no hay mucho para rescatar.

Si hay deseo, si se quieren, si se aman, si todavía les importa a cada uno del otro, si creen que hay algo que se puede hacer, aunque no sepan qué, los problemas se pueden resolver (o mejor dicho se puede intentar).

Pero repito, si para alguno de los dos, verdadera y definitivamente se terminó, se terminó para ambos y no hay nada más que hacer. Por lo menos en esta vuelta de la calesita.

Quizás haya más vueltas y quizás en la próxima se saque la sortija montada en el mismo pony… Pero si uno solo no quiere, dos no pueden juntos y entonces hay que asumir que en esta vuelta no hay más premios para repartir.

Y entonces el terapeuta, su mejor amiga y a veces hasta la pareja misma deberá decirle al que no quiere:

—Tengo malas noticias… Lo siento, se terminó.
—¿Y ahora? —preguntará.
—No lo sé. Seguramente te duela. Pero lo sobrellevarás.

Y agrego yo:

Te puedo garantizar que podés soportar lo que sigue.

Si no te aferrás, superarás el duelo.

Si no pretendés retenerlo vas a sobrevivir a la pérdida.

Salvo que vos estés convencido que te vas a morir por esto.

Cuentan que había una caravana en el desierto.

Al caer la noche la caravana se detiene.

El muchachito encargado de los camellos se acerca al encargado de guiar la caravana, y le dice:

—Tenemos un problema, tenemos 20 camellos y 19 cuerdas, así que ¿cómo hacemos?

Él le dice:

—Bueno, los camellos son bastante bobos, en realidad, no son muy lúcidos, así que andá al lado del camello que falta y hacé como que lo atás. Él se va a creer que lo estás atando y se va a quedar quieto.

Un poco desconfiado el chico va y hace como que lo ata y el camello en efecto se queda ahí, paradito, como si estuviera atado.

A la mañana siguiente, cuando se levantan, el cuidador cuenta los camellos, y están los veinte.

Los mercaderes cargan todo y la caravana retoma el camino. Todos los camellos avanzan en fila hacia la ciudad, todos menos uno que se queda ahí.

—Jefe, hay un camello que no sigue a la caravana.

—¿Es el que no ataste ayer porque no tenías soga?

—Sí. ¿Cómo lo sabe?

—No importa. Andá y hacé como que lo desatás, porque si no, va a seguir creyendo que está atado y si sigue creyéndose atado, no empezará a caminar.

La pérdida de un hijo

Después de ser sometido a la primera operación de su cáncer de laringe en 1920, Freud pierde en una epidemia a su hija Sophie. Todos los que estaban en contacto con él en ese momento aseguran que fue la primera vez que lo vieron llorar.

Sumamente afectado por esta pérdida, el maestro del psicoanálisis y posiblemente una de las mentes más privilegiadas de la historia de la humanidad, le escribe esto a Ferenczi.

"Me preparé durante varios años, desde que fueron llevados a la guerra, para la posible muerte de alguno de mis hijos varones... y ahora ha muerto mi hija. Como soy profundamente in-creyente, no tengo a nadie a quien acusar y me doy cuenta de que no existe ninguna instancia a la que pueda llevar mi inconsolable queja".

SIGMUND FREUD

La muerte de una persona querida es el suceso más desestructurante y doloroso en el cual puedo pensar, y entre todas las muertes imaginables, la pérdida súbita de un hijo es sin lugar a dudas la peor.

Alrededor de un 20% de los padres que tuvieron la desgracia de pasar por ella asegura, diez años después, que no llegará a superarlo nunca.

Es que en la muerte de un hijo, al dolor, a la congoja y a la sensación de aniquilamiento afectivo hay que agregarle la vivencia de la propia mutilación.

La mayoría de los padres viven este acontecimiento como la pérdida de una parte central de sí mismos y como la destrucción de todas las perspectivas y de sus esperanzas de futuro.

La muerte de un hijo es considerada en todas las culturas un hecho antinatural, una inversión del ciclo biológico normal, y quizá por eso es emocionalmente inadmisible. Es clásico mencionar que ni siquiera existe una palabra, equivalente a huérfano o viudo que sea capaz de darle nombre a los que penan un hijo muerto.[7]

Un dolor como éste no sólo va asociado a perturbaciones psicológicas, sobre todo en la atención y en las emociones; sino que también repercute con reacciones biológicas y neurovegetativas. En un duelo de estas características se produce un incremento en la producción de catecolaminas que repercute en los ritmos biológicos, aparecen alteraciones del sueño y del apetito, vómitos, mareos, taquicardia y temblores. El nivel de adrenalina continuado debilita el sistema inmunológico, aumenta la frecuencia de somatizaciones digestivas, circulatorias, y de la piel. En el primer año del duelo aumenta el número de consultas al médico, se incrementa en promedio el consumo de alcohol, tabaco y otras drogas. Entre las mujeres se multiplica la incidencia de cáncer de mama, y entre los hombres la frecuencia de infecciones y accidentes. En algunas estadísticas el nivel de alteraciones es indicado como el causante de que los padres que han perdido hijos tengan un mayor índice de mortalidad en los dos primeros años del duelo.

7. Nombrar, desde el punto de vista simbólico del lenguaje, es sinónimo de tener control sobre lo nombrado. La falta de vocablo quizás sea la máxima demostración que este dolor es incontrolable, inimaginable y que está absolutamente fuera de todo control.

Y estas terribles consecuencias, hay que admitirlo, se deben no sólo al dolor intrínseco de la situación de la muerte, sino también a las diferencias entre los estilos que los hombres y las mujeres tienen de enfrentarse en general con algunos momentos difíciles (no sólo los duelos).

Es sabido que los hombres tienden a abstraerse de la visión global refugiándose en el detalle.

Las mujeres son capaces de actuar guiadas por sus emociones e intuiciones en lugar de someter todo a la tiranía del pensamiento lógico.

El hombre tiende a resolver el problema adentro antes de accionar en el afuera.

Las mujeres se animan a expresar sus emociones con autenticidad en lugar de rumiar para adentro el dolor (por aquello de "los hombres no lloran").

Los desencuentros se suceden muchas veces porque ella necesita hablar sobre la muerte y volver sobre los detalles mientras él se angustia tanto como ella con el tema pero preferiría no hablar más sobre el asunto. Tanto es así que muchas de las discusiones de los primeros tiempos rondan la necesidad de ella de visitar la tumba de su hijo y el deseo de él de no volver a pisar un cementerio nunca. Es así como desde afuera, si los vemos al año, ella no ha conseguido verdaderamente adaptarse a la situación y su mayor consuelo son sus amigas que la escuchan con paciencia, los libros y quizá la fe en tanto que él ha comenzado hace varios meses a reacomodarse a la nueva realidad, apoyándose en general en el trabajo, o en un hobby o en las tareas de reparaciones de la casa.

Mantener la pareja unida es, pues, todo un desafío. Las mujeres se quejan de que sus maridos no las comprenden en su dolor, que no entienden que no tienen deseos de tener vida sexual, que no quieren salir ni divertirse. Los hombres están molestos porque dicen que además de un hijo han perdido a su compañera, que no se puede abandonar todo, que hay que ser fuertes y que su esposa no lo escucha.

Es importante ser capaces de mantenerse lo más unidos posible. El otro es la única persona en el mundo al que le está pasando exactamente lo mismo que a uno. Sin embargo hay que aprender a hacerlo sin colgarse del compañero y sin asfixiarlo. Ayuda mucho aprender a poner en palabras los sentimientos, fantasías y deseos y ser capaces de escuchar los de la pareja.

Después de enunciar todas estas diferencias y dificultades es fácil entender por qué una de cada cuatro parejas que atraviesan esta situación (es decir el 25%) termina separándose.

Estos son solamente algunos de los problemas que son capaces de amenazar la continuidad de un matrimonio que está viviendo un duelo por la muerte de un hijo:[8]

- Me siento totalmente abandonado/a.
- La relación de pareja ha pasado a un segundo plano.
- No quiero opinar, actuar ni proponer porque temo molestarlo/a.
- Ella/Él siempre interpreta mal mis actitudes.
- Me siento excluido del proceso del duelo de mi pareja, parece que el dolor le perteneciera sólo a Él/Ella.

8. Estas vivencias aparecen explicitadas por igual por miles de hombres y mujeres en todos los estratos socioeconómicos, en todos los niveles culturales y en cualquier país del mundo occidental.

- Siento que ya ni me tiene en cuenta.
- Siento que las etapas felices, alegres y apasionadas son irrecuperables.
- No puedo hacer nada porque me siento obligada/o a permanecer a su lado por solidaridad frente a su dolor.
- Tengo mucho miedo que todo se haya terminado.
- Me molesta la manera como Él/Ella habla de lo que pasó.
- De los dos yo tengo que ser el/la fuerte, para sostenerla/o.
- Yo sé que no es así pero a veces me parece que Ella/Él tuvo de alguna manera la culpa de lo que sucedió, y me siento mal de pensar eso.
- Cuando yo estoy mejor, Él/Ella está peor y al revés. No coincidimos nunca.
- Muchas veces me doy cuenta de que me irrita su presencia.
- Su actitud respecto de la cama y el sexo es insoportable.

Qué hacer y qué no hacer

Es necesario que desde el comienzo ambos padres decidan (cualquiera sea el estado previo de su vínculo) mantener un diálogo abierto y frecuente que permita sincerar los sentimientos, las fantasías y los miedos de cada uno. Un contacto fluido entre los padres evitará tener que sumar al dolor, el aislamiento, la soledad o la incomprensión, que dificultarían una buena elaboración del duelo. No olvidemos que como dijimos al otro padre es a la única persona en el mundo a la cual le está pasando lo mismo que a uno, lo que hace de la relación de pareja el mayor y el mejor apoyo frente a la trágica pérdida.

Es difícil decir esto, pero en mi experiencia como terapeuta he visto que muchas veces es aconsejable alejarse todo lo que se pueda de la gente que sin tener demasiado vínculo con el que sufre se acerca porque quiere ayudar "en este momento tan difícil".

La mayoría de los apenas conocidos y seudofamiliares no tienen ni idea de qué hacer con este tema y se ocupan solamente de decir pavadas porque creen ciertas un montón de pavadas.

Es sorprendente escuchar a los que sostienen a los cuatro vientos que cuanto más pequeño el niño fallecido, más fácil será para los padres superar el trance. Parece que se empeñaran en prorratear el dolor. Sostienen que si un niño de diez años muere, nuestro dolor será diez veces mayor que si muere un bebé de un año y así sucesivamente. Obviamente esto es ridículo. Sería como preguntar si hubiera sido más fácil enterrar a nuestro hijo cuando lo hicimos o un año después. Éste no sólo es un interrogante lleno de crueldad sino además una pregunta imposible de responder. No hay mejor tiempo, ni menos dolor.

Perder un hijo es una tragedia terrible pase cuando pase. Tanto que la mayor parte de los que pasaron por esta situación asegura que el dolor nunca se va por completo. Si esto es así es comprensible lo molesto que es soportar a los que nos informan que ya deberíamos estar mejor. Algunos se ocupan de acercarnos alguna pastilla o insisten en forzarnos a beber alcohol, a salir de noche para distraernos un poco, a ir al cine con amigos, y otras cosas, asegurando que debemos hacerlo porque "nos va a hacer bien". Estas y otras propuestas por el estilo, en realidad, sólo pretenden alejarnos del dolor, creyendo que eso es bueno y positivo.

Muchas veces hasta los que más te quieren son capaces de sugerir algunas barbaridades. Seguramente nadie tiene mala intención pero ellos no soportan verte sufrir y tu enorme dolor es como una amenaza a SU integridad que tratan de acomodar inventando "soluciones" para acortar tu sufrimiento… Que otro hijo es la solución a tu dolor. Que necesitás olvidar a tu hijo y seguir con tu vida. Que tenés que sacar inmediatamente todas sus fotos de la casa. Que hay que pensar en otras cosas…

Lo cierto es que ninguno es capaz de entender lo que verdaderamente le pasa a un padre o a una madre que llora la muerte de un hijo o de una hija… del mismo modo que yo mismo quizá no pueda llegar a darle la dimensión que verdaderamente tiene.

Quizás por eso la elaboración del duelo por un hijo es el evento más solitario y más aislante en la vida de una persona. ¿Cómo puede entender alguien que no ha pasado por lo mismo la profundidad de este dolor? Muchos padres dicen que los amigos se convierten en extraños y los extraños se convierten en amigos.

Los grupos de apoyo o de autoayuda son muchas veces el único oasis más o menos seguro para que los padres que han perdido un hijo puedan compartir lo más profundo de su pena con otros que han pasado por los mismos sentimientos. Muchos de estos grupos de autogestión están llenos de personas fuertes y comprensivas que están dedicadas a ayudar a padres que recién sufren la pérdida de su hijo para que encuentren esperanza y paz en sus vidas.

En estos grupos los padres pueden aprender:

- A aceptar que les pasa lo mismo que lamentablemente le ha sucedido a muchos antes.

- A darse cuenta de que su sufrimiento no significa que están enloqueciendo.
- A permitirse su propia forma de vivir su duelo, sin imitar ni comparar el propio dolor con las expectativas de otros.
- A sentirse solidarios con lo sucedido a otros.
- A asumir con responsabilidad la función de contener, apoyar y entender a la pareja y aceptar con amor los cambios transitorios y comprensibles que puedan darse en su actitud.
- A darse cuenta de que si no se dejan destruir, la tragedia terminará afianzando las parejas y haciéndolas más fuertes.
- A aceptar el dolor y pasar por él hasta lograr superarlo.

Alguna vez un paciente me dijo, con mucha sabiduría, que el dolor que sentía frente a la muerte de su hijo era como un préstamo.

"Voy a tener que devolver ese préstamo tarde o temprano. Siento que cuanto más lo postergue, más altos serán los intereses y las multas".

Es imprescindible aceptar que la profundidad de este dolor, no es una enfermedad sino la reacción normal de un ser humano sensible frente a la experiencia más difícil que una persona puede vivir.

Pérdida de un embarazo

"…me hice yo misma la prueba de embarazo y cuando se formó el aro en el medio, yo tomé la primera foto de mi bebé. Aborté dos meses después. No puedo creer que sea capaz de extrañar a alguien desconocido; no entiendo todavía cómo puede dolerme tanto la pérdida de lo que nunca tuve".

La pérdida de un bebé sin nacer no es solamente la interrupción de la vida potencial de la criatura dentro de la panza de su madre, es también y sobre todo, la pérdida de sueños y fantasías hechas. Y muchas veces esta pérdida es más dolorosa y este sufrimiento dura más tiempo que en la pérdida de alguien al que efectivamente hemos conocido o con quien hemos compartido largos períodos de nuestra vida.

Dejar salir esta pena es, como siempre, la clave de cómo manejar el trauma emocional que sucede a un aborto. Como en los otros duelos, tampoco aquí hay un tiempo límite para completar las etapas de la elaboración y quizá la mayor diferencia con otros duelos es que aquí la sensación de soledad con la que se vive este proceso es infinita.

Puede suceder que el médico obstetra no consiga ser el mejor consejero. La obstetricia es considerada socialmente como una especialidad "feliz", con relativamente pocas muertes y plagada en general de grandes satisfacciones de los clientes. Cuando falla un embarazo, un doctor poco experimentado o uno que aporte sus propios conflictos sin resolver, puede entrar en una crisis personal si se acusa de haber sido incapaz de ayudar al bebé o a su madre, para impedir esta pérdida. Aunque resulte extraño, la medicina está muy lejos de tener un conocimiento acabado del tema del aborto espontáneo. Puede suceder y de hecho sucede que ni la mujer que abortó ni el médico que la asiste consigan nunca las respuestas definitivas a sus preguntas. Pero si bien el profesional puede encontrar serenidad en el siguiente parto que asista, algunas horas después, la frustrada madre, con mucha menos experiencia, puede quedarse en el desesperado lugar de la duda al no saber por qué sucedió, no entender muy bien cómo fue y muchas veces con la incertidumbre a la que la arrastra la inevitable pregunta "¿y qué pasará la próxima vez?".

Y recuerdo ahora una frase que encontré hace años en los labios de una mujer que había perdido a su hijo de 42 años en un accidente de trenes.

Sólo hay una cosa
que me puedo imaginar
aún más terrible
que la muerte de mi hijo.
Mucho pero mucho peor sería…
no haberlo siquiera conocido.

La abracé con emoción y con la gratitud que se siente cuando alguien te da una enorme lección de vida y en un mínimo intento de devolver algo de lo mucho que me había dado ella le regalé al terminar esa sesión este viejo cuento tradicional.

Cuentan que había una vez un señor que padecía lo peor que le puede pasar a un ser humano, su hijo pequeño había muerto.
Desde la muerte y durante años se acostaba en la noche y no podía dormir.
Solamente lloraba y lloraba hasta que amanecía.
Un día, cuenta el cuento, aparece un ángel en su sueño y le dice:
—Basta ya… Debés seguir sin él.
—Es que no puedo soportar la idea de no verlo nunca más —dice el hombre.
El ángel se apiada y propone:
—¿Lo querés ver?

Y entonces sin esperar su respuesta lo agarra de la mano y lo sube al cielo.

—Ahora lo veremos. Mira —le ordena el ángel mientras señala con su dedo la blanca esquina, al final del empedrado de oro macizo.

Por la acera empiezan a pasar un montón de chicos, vestidos como angelitos, con alitas blancas y una vela encendida entre las manos. Niños y niñas con rostros angelicales desfilan frente a ellos, con indescriptibles expresiones de paz en sus caritas rosadas.

—¿Quiénes son? —pregunta el hombre.

Y el ángel le responde:

—Estos son todos los chicos que han muerto en estos años... Todos los días hacen este paseo para nosotros. Son tan puros, que su solo paso limpia de toda suciedad los cielos enteros.

—Y mi hijo... ¿está entre ellos? —pregunta el recién llegado.

—Sí, ahora lo vas a ver.

Y pasan cientos y cientos.

—Ahí viene —avisa el ángel.

Y el hombre lo ve aparecer. Está radiante, bellísimo, lleno de vida, exactamente como él lo recordaba.

Sin embargo hay algo que lo conmueve. Entre todos, su hijo es el único chico que lleva su vela apagada...

Mientras el padre se contacta con una enorme pena por su hijo, el chico lo ve, viene corriendo hacia él y lo abraza.

El hombre también lo abraza con fuerza y no puede evitar hacerle la pregunta que tanto lo angustia en ese momento.

—Hijo, ¿por qué no tenés luz?, ¿no enciendes tu vela como a los demás?

—Sí, claro que sí, papá, cada mañana encienden mi vela como hacen con todos los demás. ¿Pero sabés lo que pasa?... que cada noche tus lágrimas apagan la mía.

El niño secó con sus manitos las mejillas de su padre y le rogó:
—Dejá de llorarme, papá... dejá de llorar.

Duelos por otras pérdidas

A veces me gustaría volver a ser el que era
cuando soñaba con llegar a ser el que soy.

...un graffiti en "Las libretas de José"

No siempre las pérdidas que padecemos y lamentamos están relacionadas con la desaparición de otra persona. A veces la inquietud de la pérdida aparece frente a un cambio sustancial de situación que acontece no ya en el entorno de mi relación con el mundo sino en el pequeño cosmos de todo lo que compone esta persona que soy. Cambios en mi cuerpo, en mi espíritu, en mi ideología, en mis sentimientos. En este capítulo quiero mostrar que un duelo interno ni siquiera se refiere por fuerza a la muerte, basta con la idea del propio bienestar real o imaginariamente amenazado, para desatar el mecanismo. Se puede (y sucede) estar de duelo por la conciencia de la pérdida de la juventud, la amenaza de la salud, la cancelación definitiva de las perspectivas, la pérdida efectiva de ciertas posesiones...

Vejez

Una pérdida se hace consciente por la imagen interna de algo que ya no está, aunque lo perdido se haya desvanecido casi sin saberse.

Es evidente que cada edad del ser humano conlleva experiencias diferentes y vivencias especiales. Es evidente también que la prolongación progresiva de nuestra expectativa de vida hace cada vez más novedosas estas experiencias. Es evidente, por último, que podemos escoger vivir nuestras sorpresas con curiosidad y con alegría o regodearnos entre los lamentos de la conspiración del tiempo para hacernos cada día más desgraciados.

En una carta que el gran maestro de la psicología Sigmund Freud le envía a Lou Andreas-Salomé en 1915 le pregunta:

¿Qué grado de espiritualidad hay que alcanzar para soportar el horror de la vejez? Nuestra mente no es capaz de acceder profundamente a la idea de la cercanía de la propia muerte. Quizás sólo se la pueda soportar buscando en la ficción del teatro la pluralidad de las vidas ajenas, para morir una y otra vez con el héroe y sobrevivir siempre a él.

Lo cierto es que crecidos o no, un día notamos que aquella juventud maravillosa que tuvimos se ha desvanecido, desaparecido, terminado, derrumbado, esfumado, disipado, evaporado… (y hay más sinónimos a los cuales no quiero recurrir para no amargar a los que tienen más de cuarenta). Lo peor no es que haya sido maravillosa (porque desaparece igual aunque no lo haya sido), lo peor, para muchos, es que ha sido y no es más.

Todo empezó un día como otro cualquiera
en el que iba caminando por la calle
sin molestar a nadie
sin llamar la atención…
y de repente
vaya a saber por qué
un adolescente me preguntó la hora.
Me dijo simplemente:

—¿Tiene hora, señor?
A mí.
Me dijo... ¡Señor!
¡Y me trató de usted!
¡A mí!
¡Pendejo insolente!
...Y lo peor
es que hace de esto
más de quince años.

Según mi amiga Julia, a partir de momentos como éste nuestra vida sufre una crisis de identidad brusca, porque nos invade un *insight* masivo. Nunca nos habíamos dado cuenta de que éramos (y somos) mucho más jóvenes que nuestro cuerpo.

Y empieza a parecernos que la primera parte de nuestra vida debe haber sido filmada en cámara lenta; o peor, percibimos que de repente el director (¿se habrá vuelto loco?) está apurando las escenas como si tuviera urgencia en terminar de filmar la película de nuestra historia.

Nunca me preocupé por la edad.
y ahora menos.
Lo único que lamento
es lo rápido que ha sucedido todo.

Como en este poema no nos da miedo envejecer, solamente NOS MOLESTA y todo hace pensar que a medida que pasa el tiempo, cada vez nos molesta más.

La vida es siempre una sucesión de situaciones repetidas y nuevas que nos obligan a replantearnos el camino recorrido. Pequeñas o grandes crisis que se suceden unas a otras: los hijos pequeños con sus grandes problemas y los mayores que nos vienen a agobiar con sus problemas a veces demasiado pequeños pero vividos por ellos como catástrofes universales. Y nosotros incondicionalmente a su lado, como debe ser pero esperando como sabemos el momento en que alzarán el vuelo y seguirán sin nosotros; nuestros hombres que a medida que envejecemos probablemente empiecen a fijarse (o sigan fijándose con más intensidad) en otras mujeres que ahora les parecen (y nos parecen) más deseables y bonitas; y nuestras mujeres que probablemente dejen de encontrarnos tan deseables, potentes y resolutivos. El espejo nos muestra cómo aparecen canas en nuestras sienes, arrugas alrededor de los ojos, piel que se afloja debajo de los brazos y el abdomen que desagradablemente se insinúa hacia el mundo.

Y eso que nuestra generación ha crecido con oportunidades que nuestros padres y abuelos no tenían. No estoy hablando solamente de cirugías, implantes y tratamientos antioxidantes o polivitamínicos, me refiero sobre todo a las ventajas de poder estudiar, los mecanismos de inserción social, el crecimiento de nuestro confort y la prolongación global de las expectativas de vida.

Hasta hace nada pensábamos que el hecho de cumplir los 40 años marcaba un punto de no retorno en nuestras vidas. Repetíamos sin demasiada conciencia lo que nos venía de nuestros abuelos o padres:

"…lo que no se hace hasta los 40, después no se hace".

Ahora, cerca de los 60 (y quizá como mecanismo de defensa) yo no creo que sea así para nada, ni siquiera a mi edad. Me siento muy orgulloso cuando recuerdo que mi papá cambió de trabajo al cumplir los 78 o que mi mamá está pensando en publicar un libro de cocina árabe, cuando ya cumplió los 80...

Es evidente, no todo es malo, pensemos en lo que quizá ganamos con el tiempo:

experiencia,
presencia,
libertad,
intelectualidad,
serenidad,
desapego,
sensatez.

Nos haría muy bien no olvidarnos de esta lista antes de declararnos deprimidos al comprobar con cada cumpleaños cómo la fatídica cifra de nuestra edad está más cerca de los dígitos que del momento de nuestro nacimiento...

Los 40 tienen algo de simbólico. Quizás porque injustamente parecen marcar la mitad de nuestra existencia (la mayoría de las personas no espera vivir más de 80 años) y esto hace que los 40 sigan representando un punto de inflexión (antes representaban el comienzo de la edad madura).

En algún momento entre los 40 y los 50 todos comenzamos a pensar en el pasado.

Reflexionamos, quizá de más, sobre el sentido que ha tenido el tiempo de nuestra vida ya transcurrida. Se abre un período de la meditación, una etapa de búsqueda y reencuentro con algunos olvidados aspectos de nuestro interior.

A esto se suma que en nuestro entorno, nuestros conocidos también maduran y algunos lamentablemente no tanto más viejos que nosotros aparecen ante nuestros ojos como si hubieran envejecido a una velocidad asombrosa.

De hecho los vemos y al llegar a casa comentamos:

—Hoy la vi a Fulanita... está destruida, arruinada, le agarró el viejazo, ¿estará enferma?

Y en silencio rogamos que se trate de algún problema de salud para no imaginar que ella podría estar diciendo lo mismo de nosotros al llegar a su casa.

Para completar nuestra crisis con el paso del tiempo, a veces los amigos tienen el mal gusto de morirse (a esta edad tan inadecuada) confrontándonos con la realidad de una muerte, no necesariamente cercana, pero sí más posible, o por lo menos más pensable.

Indudablemente nuestros años maduros nos sumergen por esas razones y no sólo por ellas, en el mundo de un duelo especial, la elaboración de una pérdida impalpable pero presente que nos provoca dolor e inquietud.

Si estás transitando esta etapa y te das cuenta de lo difícil que te resulta soportar la idea de que estás envejeciendo (perdón... quise decir madurando), te propongo 6 medidas negativas para hacer más positiva tu experiencia:

1. No trates de ser quien no sos (sobre todo quien ya no sos).
2. No le pongas frenos a tu vida y dejala fluir libremente.
3. No tengas prejuicios que ya no necesitás sostener.
4. No juzgues tus necesidades como un síntoma de debilidad.
5. No reprimas los sentimientos de tristeza que pueden invadirte.

6. No dudes en relacionarte con gente, estar acompañado, expresarte o pedir ayuda.

¿Qué es envejecer?

El drama de la vejez
no consiste en ser viejo,
sino en haber sido joven
y recordarlo...

OSCAR WILDE

El envejecimiento (igual que la muerte) es una de las pocas características "democráticas" y ecuánimes de nuestra condición humana; algo que nos unifica y define a todos más allá de nuestras diversidades y de la realidad de un mundo tan cambiante.

Algunos de los signos más notables del envejecimiento **normal** en los humanos son:
– la disminución de la fuerza de los músculos,
– el deterioro de la habilidad del sistema inmunitario para responder a las enfermedades,
– la pérdida de la densidad de los huesos, y el endurecimiento de las articulaciones,
– la caída de pelo y la sequedad de las mucosas,
– la pérdida de la elasticidad de la piel y las arrugas,
– el desgaste de algunos órganos vitales,
– y la disminución de algunas funciones psíquicas complejas.

Fenómeno Hayflick y factor tiempo

Sin embargo los médicos estamos hoy de acuerdo en que envejecer no es una enfermedad. El efecto que hoy conocemos como **Senescencia**[9] ocurriría aunque todas las enfermedades desaparecieran definitivamente de la faz de la Tierra.

La senescencia, aunque sea doloroso admitirlo, empieza, por cierto muy lentamente, un poco después de la pubertad con la aparición de milimétricas placas de ateroma (pequeños depósitos de sustancias que endurecen y achican los vasos) en las arterias mayores. Un proceso "normal" que se va instalando con mayor magnitud a medida que transcurre el tiempo (y que algunas enfermedades y trastornos metabólicos podrían acelerar).

Los maravillosos estudios del Dr. Hayflick establecen sin margen de dudas que cada célula tiene programado a priori su propio envejecimiento. Es decir que, normalmente, cada célula viva de nuestro cuerpo trae consigo un límite en su potencial de crecimiento y de reproducción.

En el hoy incuestionable informe se llamó a esto el **Efecto Reloj Celular**.

Hayflick empezó por demostrar que el número de células que son capaces de duplicarse en cualquier ser vivo, simple o complejo, es inversamente proporcional al tiempo vivido por su organismo (a más edad menos duplicación).

La llegada al límite reproductivo es el principal cambio del proceso de senescencia y el causante del aumento de incidencia y susceptibilidad a ciertas enfermedades.

---

9. El término técnico con el que la ciencia se refiere al envejecimiento sano.

La falta de entrada al sistema de nuevas y potentes células jóvenes, que sustituyan a las ya desgastadas y envejecidas, disminuye como es previsible, la capacidad del cuerpo para acomodar pequeñas distorsiones funcionales y la habilidad para reparar sin secuelas ciertos daños en el cuerpo, haciendo entrar en funcionamiento un ejército de células más jóvenes.

Los últimos estudios de microscopía electrónica parecen indicar que este proceso se debe al acortamiento progresivo de una estructura fundamental para la célula, el telémero, que al "gastarse" en las puntas se vuelve progresivamente incapaz de reproducir sustancias imprescindibles.[10]

La cantidad total de un ser vivo de células *scenescent* (no tan jóvenes) que dejan de dividirse y no funcionan en plenitud[11], contribuye a disminuir el funcionamiento homeostático del organismo total.

Ya se tiene evidencia de que esta característica
senescente es hereditaria y por lo tanto también
lo es la tendencia familiar
al envejecimiento precoz o a la longevidad.

Más lentamente o más rápidamente todos estamos envejeciendo; tengamos 25 o 65 años de edad, 40 o 110. Envejecemos... y

10. Otra teoría sostiene que los cambios celulares de envejecimiento se deben a que en el proceso de convertir oxígeno en energía se producen moléculas (radicales libres) que en grandes cantidades, resultarían dañosas para las células. Cancelando o retrasando este proceso actuarían los medicamentos y alimentos antioxidantes como las moras, las frutillas, las espinacas y la vitamina E.
11. Desciende su síntesis de ADN y ARN y disminuye su capacidad para aceptar nutrientes.

esto lejos de ser una mala noticia significa específicamente que estamos vivos y debería ser un motivo de celebración.

Un día a los cuarenta años pensé: en el fondo del espejo me espía la vejez, es incansable, al final me atrapará.

Leído en un graffiti anónimo

Casi nadie tiene apuro en morirse, y tenerlo es, por lo menos para mí y para la mayoría de mis colegas, un signo de que algo no funciona demasiado bien en la psiquis de la persona. Uno de los principales logros de la ciencia en estos últimos 100 años ha sido el aumento en la expectativa de vida del ser humano, que ha pasado en los países desarrollados de 47 a más de 75 años. Para bien y para mal éste no es un fenómeno restringido a ciertas áreas del planeta aunque se manifieste con diferente intensidad en los países más industrializados de Europa y en la población más acomodada de los Estados Unidos. El promedio de edad de la población en estos países desarrollados aumenta a un ritmo sin precedentes y tiende a seguir elevándose, lo cual sumado a la decisión de los habitantes del "viejo mundo" de restringir su intención procreativa ha dado lugar a un fenómeno nunca visto: una CUARTA parte de la población de estos países tiene hoy más de 60 años. Cabe aclarar que, muy lejos de esos avances y decisiones, solamente en Latinoamérica la población mayor de 60 años sumará para el 2020 la friolera de 80 millones de almas.

Las pruebas se hacen evidentes con solo abrir los ojos y mirar a nuestro alrededor, y serán cada vez más notables. A pesar de vivir en Argentina, que lamentablemente está muy lejos de ser el emblema del modelo de calidad de vida de los países más longevos, mi padre, que cumplió 90 años, no es una rara excepción entre sus amigos y familiares.

Según los especialistas de la nueva y pujante disciplina, la gerontología, todavía nos falta mucho para llegar al límite de nuestras vidas, que podría ser según nos dicen alrededor de los 120 años.[12]

Tipos de envejecimiento

Hemos hablado hasta aquí especialmente del envejecimiento "biológico", el que todos conocemos y de alguna manera tememos, por lo dicho. Sin embargo existe también un envejecer "social" que está relacionado con el rol "secundario y pasivo" que nuestra sociedad, llena de prejuicios, le impone a los ancianos. Es la suma de ambos envejeceres, y no solamente el primero, la responsable de los problemas que aquejan a las personas de edad avanzada, a los que se trata como si por decreto fueran personas necesariamente discapacitadas, amnésicas, crónicamente enfermas, sin deseos sexuales y con necesidad desmedida de atención y de cuidados.

Este prejuicio es la consecuencia de las limitaciones que alguna vez eran verdaderamente padecidas por aquellos que pasaban la barrera de los 50 o 60 años, pero no tiene sentido en el momento actual. Hoy, la mayoría de las personas no sufren

---

12. En ese sentido cabe destacar que la razonable expectativa de vida promedio para un bebé que naciera hoy en uno de los países de mejor desarrollo humano, es decir con mejor nivel educativo, asistencial y tecnológico, supera los 90 años.

marcados trastornos físicos, intelectuales ni sociales hasta muy pasados sus 70. El enlentecimiento de algunos procesos motores, cognoscitivos y sensoriales se supera sobradamente con motivación, práctica y voluntad, permitiendo que las personas de edad superen sus desventajas y se desempeñen con eficiencia.

Afortunadamente la vejez es cada vez menos sinónimo de dependencia forzada y solamente una de cada cinco personas en la edad de 70 años presenta alguna discapacidad funcional importante. Otro tanto se debe decir de la vida sexual. Dice José Fernando que "...la sexualidad muere un día después de que lo entierran a uno".

Por supuesto que el deseo y las fantasías permanecen intactos (a veces crecen). Lo que cambia en todo caso es la manera de manifestarla, la frecuencia o la forma de llevar adelante un encuentro. La sexualidad sigue tan viva como antes, aunque para regocijo de los más tiernos ya no se la limite a la genitalidad y se privilegie los abrazos, la compañía, las palabras de amor, las caricias.

Envejecer amargo

Nunca me gustó y hoy día casi me enoja escuchar a la gente que recita como si fuera una verdad indiscutible aquel falso paradigma:

Los hijos se vuelven con el tiempo los padres de sus padres.

Los hijos son hijos y lo serán siempre, los padres son los padres y lo seguirán siendo aun cuando pierdan poder o capacidad para ser autosuficientes.

Trastocar ese orden me suena a mí, si lo pienso mal como una especie de venganza subliminal y si lo pienso mejor como el absurdo intento de pagar una deuda que solamente se puede cancelar en los propios hijos y cuya sola existencia contraría el verdadero sentido del amor auténtico.

El hombre que envejece con amargura, envejece con odio, resentimiento. Sus arterias se envenenan, mortifican el cerebro y producen la metamorfosis de la sangre en bilis. Colapsa el aparato circulatorio, detenido por su pesadez. Momifica el cuerpo, degrada la visión, paraliza las manos. La amargura conduce al viejo a la muerte y a los suyos a la tragedia.

IGNACIO QUINTANA

El anciano amargado junta cabreo frente a lo que cree una devolución injusta. Reprime la violencia y en general la transforma en odio social, en quejas vindicativas o en reclamos de reconocimiento, para lo que terminan fabulando falsas grandezas o mintiendo antiguas virtudes inexistentes. Megalomanía de defensa, como la llamamos los terapeutas, que los lleva a exigir a veces con amenazas el reconocimiento de un cargo o de un rol de poder, una condecoración inmerecida o una fatua admiración de su entorno…

Estos estereotipos son injustos y van en detrimento de la vitalidad de la sociedad, así como de la dignidad de los individuos.

Envejecimiento fecundo

El dulce envejecimiento consiste en llevar una vida productiva y sana dentro de la familia, la sociedad y la economía.

La vejez activa refleja el deseo y la capacidad de la persona cualquiera sea su edad para mantenerse involucrada en actividades productivas.

Es imprescindible trabajar desde antes de nuestra propia vejez para desarrollar una cultura donde los años vividos sean valorados por la experiencia y la sabiduría que implican y no por el grado de deterioro que conlleven. Una sociedad donde los mayores generen respeto en lugar de desprecio; donde los más viejos sean escuchados y cuidados en lugar de ser recluidos y discriminados. Para lograrlo es imprescindible el trabajo de todos y el apoyo mutuo entre generaciones.

La vejez no depende de la suma de una cantidad de años sino de la calidad de vida que hayamos tenido como seres integrales que somos.

En última instancia, cada uno de nosotros debe aceptar que es el mayor responsable de su propio envejecimiento. No es solamente la sociedad, ni la herencia, ni el medio ambiente ni la fuerza destructiva de los mitos sobre la vejez lo que marcará el estilo de vida que tengamos en esta última etapa de nuestra existencia, es también y sobre todo lo que nosotros hayamos hecho hasta llegar allí (incluida, claro, la manera en que hayamos tratado a nuestros mayores).

Dice Elena Jabif que frente a la vejez hay siempre cuatro posiciones. Tres de ellas son dramáticamente tristes. La del viejo que se cree viejo, la del viejo que se cree joven y la del viejo que se cree muerto. La cuarta suena maravillosa y factible. Es la del viejo que vive la segunda parte de su vida con tanto coraje como la primera.

*Me he resignado a la vejez y a la ceguera del
mismo modo que uno se resigna a la vida. A los
24 años se trata de ser Hamlet, de ser Byron, de
ser Baudelaire.
Y uno cultiva su desdicha…
A los 80 años, quizás un poco tarde, advertí que
la desdicha no era necesario cultivarla.*

JORGE LUIS BORGES

El duelo por la salud perdida

*La existencia humana debería ser como un río,
pequeño en su nacimiento, corriendo por su
cauce estrecho, precipitándose luego con pasión
sobre las rocas.
Gradualmente, el río se ensancha, las márgenes
se borran, y las aguas fluyen mansamente…
Al final, sin ninguna fractura visible, se unen al
mar, despojadas de toda turbulencia.*

BERTRAND RUSSELL

El psicoanálisis freudiano propone la vida como una permanente lucha entre dos aspectos instintivos, Eros y Thanatos, el
deseo de vivir procurando imponerse a los deseos insconcien-
tes de morirse. Dos situaciones nos obligan a tomar conciencia
de esa lucha: la enfermedad conectándonos con el peligro y el
envejecimiento que nos fuerza a caer en el irremediable desam-
paro que sentimos cuando la ilusión de ser inmortal se desvanece
definitivamente.

Elizabeth Kubler-Ross es posiblemente la persona que más ha estudiado y escrito acerca de la muerte, el duelo y las situaciones que rodean a ambas. Siguiendo sus investigaciones nos damos cuenta de que frente a la noticia de un diagnóstico confirmado de una enfermedad grave se suceden casi siempre una serie de reacciones, que a nosotros nos recordarán las ya vistas etapas de elaboración del duelo por una pérdida. Esto no debería extrañarnos si pensamos que la persona ha perdido nada más y nada menos que su salud o la fantasía infantil de que gozaría de ella eternamente.

Enfrentarse con el duro diagnóstico de una enfermedad de mal pronóstico, aunque sea a largo plazo, nos adentra en un recorrido que se elabora en cinco etapas:

- Negación
- Rabia
- Negociación
- Depresión
- Aceptación

Primera etapa. La negación

La primera reacción de una persona que se entera de que sufre una enfermedad grave es levantar sus primeros mecanismos de defensa para postergar aunque sea un poco el impacto de la agresión que la noticia necesariamente implica.

Esta primera barrera defensiva lo lleva a decir y sentir:

— No quiero.
— No puede ser.
— Debe ser un error.

La persona se convence de que ha habido una equivocación, los resultados de laboratorios o radiografías no son los suyos o el médico se ha equivocado gravemente.

Muchas veces repite los exámenes, cambia de médico o consulta a algún mago, sanador o charlatán en un desesperado intento de obtener otra respuesta.

La negación es un mecanismo normal que nos ha acompañado a lo largo de toda nuestra vida y ante la noticia de una muerte factible se hace presente para conceder una tregua entre la psiquis y la realidad. Una búsqueda desesperada del tiempo necesario para pensar en el futuro de manera más serena, tomando distancia temporal de lo que sigue, buscando una más saludable adaptación al evento que apareció demasiado abruptamente. La negación es un verdadero intento de amortiguar el efecto del primer impacto.

Segunda etapa. La ira

Cuando el enfermo acepta por fin la realidad, intenta todavía rebelarse contra ella, y entonces sus preguntas y sentimientos cambian. Nacen otras preguntas:

- ¿Por qué yo?
- ¿Por qué ahora?
- No es justo.

La envidia comienza a corroer su pensamiento. El enojo con la vida, con Dios y con todos los que supuestamente "sería más lógico" que se encontraran en esa situación.

Los mayores, los enfermos, los malos, los débiles, los odiados desde antes, merecerían más esta noticia que él. Aparece una especie de deseo de tener la vida de los demás, y un enojo que a veces llega a ser violento puede inundar el mundo a su alrededor; nada le parece bien, nada le conforma. Todo lo que ve le produce dolor, odio y rencor. Y aunque parezca mentira su autoestima atropellada por la realidad se da cuenta de que necesita (y es verdad) expresar su rabia para poder librarse de ella.

Tercera etapa. La negociación

Esta etapa refiere al paciente diagnosticado al pensamiento mágico más primitivo. Aparecen las ideas de negociar la enfermedad, el tiempo o el pronóstico.

Se piensa en hacer un trato: con la vida, con Dios, con el diablo, con el médico...

Aunque la realidad imponga que es demasiado tarde, el fumador promete que dejará el vicio para siempre.

Se trata por supuesto de una nueva conducta defensiva: la regresión. Un canje que pretende sanación a cambio de buena conducta. La gran mayoría de estos pactos son secretos y sólo quienes los hacen tienen conciencia de ello.

Dejáme que te cuente un cuento...

Había una vez un hombre que estaba decidido a disfrutar de la vida.

Él creía que para eso debía tenerse suficiente dinero.

Había pensado que no existe el verdadero placer mientras éste deba ser interrumpido por el indeseable hecho de tener que dedicarse a ganar dinero.

Pensó, ya que era tan ordenado, que debía dividir su vida para no distraerse en ninguno de los dos procesos: primero ganaría dinero y luego disfrutaría de los placeres que deseara.

Evaluó que un millón de dólares sería suficiente para vivir toda la vida tranquilo.

El hombre dedicó todo su esfuerzo a producir y acumular riquezas.

Durante años, cada viernes abría su libro de cuentas y sumaba sus bienes.

—Cuando llegue al millón —se dijo— no trabajaré más. Será el momento del goce y la diversión. No debo permitir que me pase lo mismo que a otros —se repetía—, que al llegar al primer millón empiezan a querer otro más.

Y fiel a su duda hizo un enorme cartel que colgó en la pared:

Solamente UN millón

Pasaron los años.

El hombre sumaba y juntaba. Cada vez estaba más cerca.

Se relamía anticipando el placer que le esperaba.

Un viernes se sorprendió de sus propios números:

La suma daba 999.999,75.

¡Faltaban 25 centavos para el millón!

Casi con desesperación empezó a buscar en cada chaqueta, en cada pantalón, en cada cajón las monedas que faltaban... No quería tener que aguardar una semana más.

En el último cajón de un armario encontró finalmente los veinticinco centavos deseados.

Se sentó en su escritorio y escribió en números enormes:

1.000.000

Satisfecho, cerró sus libros, miró el cartel y se dijo:

—Solamente uno. Ahora a disfrutar...

En ese momento golpearon la puerta.

El hombre no esperaba a nadie. Sorprendido fue a abrir.

Una mujer vestida de negro con una hoz en la mano le dijo:

—Es tu hora.

La Muerte había llegado.

—No... —balbuceó el hombre—. Todavía no... No estoy preparado.

—Es tu hora —repitió la Muerte.

—Es que yo... El dinero... El placer...

—Lo siento, es tu hora.

—Por favor, dame aunque sea un año más, yo postergué todo esperando este momento, por favor...

—Lo lamento —dijo la Muerte.

—Hagamos un trato —propuso desesperado—: yo he conseguido juntar un millón de dólares, llevate la mitad y dame un año más. ¿Sí?

—No.

—Por favor. Llevate 750.000 y dame un mes...

—No hay trato.

—900.000 por una semana.

—No hay trato.

—Hagamos una cosa. Llevátelo todo pero dame aunque sea un día. Tengo tantas cosas por hacer, tanta gente a la que ver, he postergado tantas palabras... por favor.

—Es tu hora —repitió la Muerte, implacable.

El hombre bajó la cabeza resignado.

—¿Tengo unos minutos más? —preguntó.

La Muerte miró unos pocos granos de arena en su reloj y dijo:

—Sí.

El hombre tomó su pluma, un papel de su escritorio y escribió:

Lector:
Quienquiera que seas.
Yo no pude comprar un día de vida con todo mi dinero.
Cuidado con lo que hacés con tu tiempo.
Es tu mayor fortuna...

Cuarta etapa. La depresión

Finalmente todos los pasos anteriores se agotan y fracasan en el intento de alejarnos de la realidad. Frente al simple paso del tiempo en el mejor de los casos o ante el desarrollo de la enfermedad, el diagnóstico se impone.

Pero todavía el paciente suele intentar controlar la realidad durante un tiempo y entonces juega a la anticipación catastrófica de la decadencia física (muchas veces exagerada), a su supuesta imposibilidad de trabajar, a la desesperación que sufre por los problemas económicos y familiares que todavía no aparecen (y a veces nunca lo harán), a la sensación de inutilidad y discapacidad futura, sufriendo por la fantasía de llegar a constituir una carga innecesaria. Estas ideas en sí mismas alcanzarían para provocar un estado natural de depresión. Lo particular en este caso es que estas ideas no son sólo la causa de la depresión sino también y sobre todo su consecuencia.

Sófocles pinta a Edipo en la tragedia con una vida vagabunda, miserable y ciego:

Tened piedad del pobre fantasma de Edipo
pues ese viejo cuerpo ya no es él.

La depresión es más bien el resultado de la conciencia de lo ya perdido, como ya lo hemos dicho, y un proceso de preparación ante la propia posibilidad de la propia muerte. Por supuesto que como es predecible esta etapa se resuelve más rápidamente cuando el paciente encuentra el coraje y el entorno donde poder expresar la profundidad de su angustia y recibir la contención que necesita frente a sus temores y fantasías.

Quinta y última etapa. La aceptación

Llegar aquí requiere que la persona haya tenido el acompañamiento y el tiempo necesarios para superar las fases anteriores.

La aceptación solamente aparece cuando la persona ha podido elaborar su ansiedad y su cólera, ha resuelto sus asuntos incompletos y ha podido abandonar la postura autodiscapacitante de la depresión. Sea como fuere y más allá de cuánto se tardó en llegar hasta aquí y cuánto esfuerzo haya demandado, a esta etapa se llega casi siempre muy débil y cansado. Quizás como consecuencia del trabajo de desprenderse del mundo y de alejarse de las personas de las etapas anteriores, ahora está en cierto sentido anestesiado afectivamente. Ahora, como regla general, prefiere estar solo, preparándose para su futuro, haciendo evaluación y balance de su vida. Una experiencia que siempre es privada, personal y excluyente.

En los casos de enfermedades terminales el paciente que llega hasta aquí ha comenzado su despedida para poder renunciar a lo anterior en paz y armonía.

Llegar hasta esta etapa es conquistar paz. Sin felicidad ni dolor (el dolor, en todo caso, aparece muchas veces en quienes rodean al enfermo que también deben adaptarse a que su ser querido prefiera el silencio y la soledad, como manera de vivir lo que le queda).

Si bien no hay evidencia que indique que todas las personas atraviesan estas etapas ni se podría demostrar que haya un movimiento secuencial de una etapa a otra, es indudable que como recorrido se parece mucho a las cosas que a la mayoría de los pacientes con diagnósticos graves le ha pasado o le está pasando.

Éste es un modelo flexible diseñado para ayudar al paciente, a su familia y a sus seres queridos a comprender lo que está sucediendo y darles fortaleza, serenidad y sabiduría para enfrentar lo que sigue.

Para los médicos las etapas del paciente se corresponden a otros cinco momentos evolutivos. Las cinco etapas clásicas de la evolución clínica de cualquier enfermedad:

- prediagnóstico
- diagnóstico
- etapa aguda y tratamiento de ataque
- cronicidad
- y resolución (recuperación o muerte)

En el área de tratamiento de enfermedades terminales es notable ver cómo la anteúltima etapa es con mucho la más importante y la más prolongada estadísticamente hablando. No sólo por el acortamiento de las anteriores sino también porque la ciencia ha conseguido la prolongación efectiva de ella misma, retrasando la muerte del paciente. Por ejemplo, afortunadamente cada año más personas continúan su existencia con buena calidad de vida, después de ser diagnosticadas de cáncer (y cada vez son más las que finalmente mueren por otras causas que nada tienen que ver con aquel diagnóstico ni con su tratamiento).

Algunas conclusiones

Sean esta u otras las etapas que se dan en la práctica, el duelo se puede interpretar siempre con la actitud de respuesta posible y vivencial frente al cambio que ocasiona la pérdida.

Detrás de cada una de las situaciones de las que hemos hablado hay una pérdida para elaborar, aún detrás de aquellas que a simple vista implican solamente modificaciones positivas, por llamarlas de alguna manera.

Para decirlo una vez más:

Cada vez que algo llega,
desplaza a lo anterior, que deja de ser.

Cada vez que algo se va,
deja lugar a lo que sigue.

Sean los cambios que sean:

- cambios (pérdidas o desarrollo) de propósitos y futuro

- cambios (agregado o disminución) en el patrimonio personal y el modo de vida
- cambios en lugar de residencia (de progreso o de involución)
- cambios laborales (incluidos los ascensos y cambios de destino)
- cambios en las relaciones y vínculos (amigos, parientes, casamientos, enamoramientos y desenamoramientos)
- cambios en las posturas ideológicas, religiosas o filosóficas
- cambios en la salud (deterioro y aún sanación de enfermedades)

Todos estos procesos y la infinita nómina que cada uno podría agregar implican pequeñas o grandes muertes que no debemos subestimar y que implican una despedida y una elaboración.

Como lo refleja Marta Bujó en su poema "Volar sin alas" ni siquiera hace falta que el cambio haya sucedido en el mundo de lo real, el duelo se abre también desde sucesos imaginarios.

Volar sin alas

Es posible volar sin tener alas
y nadar sin necesidad de ser un pez.
Puedo sentarte frente a mí mientras me tapo
los ojos con las manos,
y hasta sentir que te toco aunque no estés aquí.
Pero, cómo podría, sin ser Neruda,
decirte lo que quiero decirte
y que lo oigas como quiero que lo oigas.

De vez en cuando me digo:
quizás es cierto que nos conocemos desde hace siglos
y me subo al delirio y me relamo
y hasta creo recordar nuestros caminos desandados
y aquellos maestros compartidos,
El arte de amar...
El principito...
Y aquel hermoso libro, el de La casa redonda...
que alguna vez
debimos leer juntos.

Y un minuto después, ya estoy diciendo:
No puede ser verdad.
Nunca exististe
y si exististe, jamás nos encontramos.
Porque si todo fuera como yo me lo imagino,
jamás podría perdonarte
tu inoportuno y absurdo silencio
de estos últimos 50 años.

MARTA BUJÓ
de *Antología de un tiempo que no fue*

De alguna manera y aunque me duela admitirlo, cada día que empieza es también la historia de la pérdida de mi día anterior, un día hasta el cual yo era quien fui, porque ya no soy el que era ayer y no volveré a serlo.

Yo puedo pensar en esto o hacerme el distraído, ignorando la pura verdad. Puedo no querer saber que no soy el mismo Jorge Bucay de hace diez años; pero aunque no me quiera enterar de que **no lo soy**, afortunada y lamentablemente las fotos lo demuestran.

¿Es este Jorge mejor que el de antes?
¿Me gusta más o menos?
¿Es cierto que está más maduro o simplemente se pudrió?

Preguntas que cualquiera podría querer contestar. Asuntos en todo caso opinables. Pero éste no es el punto en cuestión.

El punto es que aun quien no me conozca y no vaya a conocerme nunca, puede asegurar sin riesgo de equivocarse que hubo algunos cambios.

Y es más, podría asegurarnos este desconocido testigo que aquel que yo era es **causa y efecto** de este que soy.

Si otros lo pueden deducir sin haberme visto nunca, ¿cómo podría yo mismo negarlo?

Yo, Jorge Bucay, no soy el Jorge Bucay que era hasta ayer y sé que mañana no voy a ser el que hoy soy.

Ahora mi pregunta cambia:

¿Debería, sabiendo lo que sé, resignarme a vivir en duelo permanente?

Siempre me gustó la idea de aquellos poetas que se refieren al dormir y al soñar como el espacio ausente donde se elaboran estos pequeños duelos cotidianos. Me desprendo durante la noche de lo que dejo atrás y me despierto cada día con la ganancia que me dejó el día que pasó.

Y digo ganancia en el sentido de la suma y no en el sentido del progreso o de la riqueza. Lo digo como manera de establecer que este que soy, es aquel más lo vivido, y ese agregado es la ganancia (aun cuando lo ganado a veces pudiera no ser del todo deseable).

Y es importante recordar que capitalizar esta ganancia es necesariamente el resultado de asumir una renuncia, de aceptar una pérdida, de aprender a soltar.

Aferrados al recuerdo de mantener y sostener aquello que fuimos, no habrá ninguna posibilidad de crecer, ni de aprender, ni de llegar a ser quienes verdaderamente somos.

Cuentan que...

Había una vez un derviche que era muy sabio y que vagaba de pueblo en pueblo pidiendo limosna y repartiendo conocimientos en las plazas y los mercados del reino.

Un día, mientras mendigaba en el mercado de Ukbar se le acerca un hombre y le dice:

—Anoche estuve con un mago muy poderoso, y él me dijo que venga hoy aquí, a esta plaza. Me aseguró que me iba a encontrar con un hombre pidiendo limosna y que ese mendigo a pesar de su aspecto miserable me iba a dar un tesoro que iba a cambiar mi vida para siempre. Así que cuando te vi me di cuenta de que tú eras el hombre, nadie tiene peor aspecto que tú... Dame mi tesoro.

El derviche lo mira en silencio y mete la mano en una bolsa de cuero raído que trae colgando del hombro.

—Debe ser esto —le dice... Y le acerca un diamante enorme.

El otro se asombra.

—Pero esta piedra debe tener un valor increíble.

—¿Sí? Puede ser, la encontré en el bosque.

—Bien. Ésta es. ¿Cuánto te tengo que dar por ella?

—No tienes por qué darme algo por ella. ¿Te sirve para algo? A mí no me sirve para nada, no la necesito, llévatela.

—¿Pero me la vas a dar así... a cambio de nada?

—Sí... sí. ¿No es lo que tu mago te dijo?

—¡Ah! Claro. Esto es lo que el mago me dijo... gracias.

Muy confundido, el hombre agarra la piedra y se va.

Pero media hora más tarde vuelve. Busca al derviche en la plaza hasta que lo encuentra y le dice:

—Toma tu piedra...

—¿Qué pasa? —pregunta el derviche.

—Toma la piedra y dame el tesoro —dice el hombre.

—No tengo nada más para darte —dice el derviche.

—Sí, tienes... Quiero que me des la manera de poder deshacerte de esto sin que te moleste.

Dicen que el hombre permaneció al lado del derviche durante años hasta que aprendió el desapego.

Capítulo 8. Ayudar en el duelo

El simple hecho de preguntar amorosamente a alguien que vive un duelo por lo sucedido, la sencilla frase que propone al que sufre hablar sobre "cómo fue que pasó", cuando está dicha sin morbosidad, permite al que está dolido revivir su experiencia y facilita la integración de la pérdida aunque obviamente lo conecte con su experiencia dolorosa. La escucha comprensiva y el acompañamiento no exigente de los amigos, familiares y vecinos ayudarán al que vive la pérdida a dejar aunque sea algo de la pesada carga de angustia y poder recorrer el camino de las lágrimas un poco más liviano.

Si homologamos el proceso de duelo a la cicatrización de una herida, podemos pensar que la ayuda se podrá equiparar al trabajo realizado cuando se limpia una herida. Tal como aquel, la ayuda puede ser enormemente dolorosa al principio pero poco a poco el sufrimiento disminuye y se aleja el riesgo de una complicación en el proceso de cicatrización.

Este proceso de limpieza y curación consiste en ayudar a los que elaboran un duelo a aceptar la pérdida, a expresar libremente el dolor propio de la aflicción, a reubicarse sin el difunto y a re-situar emocionalmente la imagen interna del que ha muerto en la vida del que queda.

Si bien la mejor herramienta para esta ayuda es el amor, su utilidad se multiplica si el que acompaña es capaz de acercarnos algún conocimiento tranquilizador de lo que nos sucede.

Yo no quisiera que nadie se sienta obligado a estar con su amigo mientras éste llora una pérdida, pero sí pretendo que si quiere estar o si decide ayudar, su ayuda sea más útil.

Si bien es obvio, o debería serlo, que el duelo no es una enfermedad, podemos encontrar en las estadísticas médicas algunos datos inquietantes:

- 90% de las personas sufren trastornos del sueño durante el duelo,
- 50% padecen seudoalucinaciones auditivas o visuales,
- 50% tienen síntomas similares a los que condujeron al fallecido a la muerte,
- 4% de parientes cercanos fallecen en el primer año de duelo.

Aunque los números nos parezcan alarmantes, es necesario comprender que cualquier cambio obliga al que lo vive a adaptarse a la nueva situación. Un hecho más simple cuanto menos importante sea lo que se ha modificado, y más complicado y brutal cuanto más significativo y trascendente sea el cambio.

En un duelo por la muerte de un ser querido los cambios y adaptaciones se suceden en varios niveles y todos implican un tremendo trabajo y grandes desafíos. Un proceso que siempre implica partes iguales de desestabilizacion, inseguridad y estrés:

— El trabajo que lleva reorganizar los sistemas comunicacionales.
— El ajuste de las reglas al funcionamiento de cada área.
— La adecuada y eficaz redistribución de los roles.
— Y el aprendizaje de no contar con algunos viejos recursos.

Ésta es la parte de ayudar al otro a comprender lo que le pasa; la otra tarea, la de acompañar, tiene que ver con estar y sobre todo con NO HACER lo que no debe hacerse:

• No hagas lo que hace la gente "porque es lo que se acostumbra". No olvides que lo que más necesita el que está de duelo al principio es hablar y llorar.
• No hagas lo que no querés hacer. No ayudes más que hasta donde tu corazón te pida y no hasta donde tu cabeza te exija.
• No digas frases hechas, diseñadas vaya a saber por quién para "estos casos". Si no sabés qué decir lo mejor es no decir nada porque al no saber podemos terminar en expresiones que no son de gran ayuda:
  "Tenés que olvidar",
  "Mejor es así",
  "Deja de sufrir",
  "El tiempo todo lo cura",
  "Mantenete fuerte por los niños",

"Es la voluntad de Dios",
"Es ley de vida"…

- No dar órdenes ni decirle que tiene que sobreponerse, ya lo hará a su tiempo. Sólo escuchar y estar presente, sin pensar que hay que levantarle el ánimo. No empeñarse en animarlo ni en tranquilizarlo.
- No pensar que el que está de duelo necesita de nuestros consejos sabios, si no se te ocurre qué hacer, lo mejor quizá será intentar colaborar en algunas tareas cotidianas. El simple papeleo diario o el poner orden en un ropero puede ser para alguien que está de duelo un desafío imposible de afrontar.
- No le digas que lo comprendés si no pasaste por una situación similar.
- No intentes buscar una justificación a lo que ha ocurrido.
- No le quites importancia a lo que ha sucedido hablándole de lo que todavía le queda, ni intentes hacerle ver las ventajas de una nueva etapa en su vida. Aunque fuera cierto, no es el momento.

Y sobre todo:

- No interrumpas NUNCA la expresión del dolor del que sufre. Las más de las veces, la gente que corta las emociones del otro no lo hace por la declarada supuesta intención de protegerlo de su sufrimiento sino con la verdadera y oculta intención de protegerse de sus propias emociones dolorosas.

Sentir y expresar el dolor, la tristeza, la rabia, el miedo… por la muerte de un ser querido. Repetir y evocar los recuerdos es parte del camino que hay que recorrer para cerrar y curar la herida dejada por la pérdida. Interrumpir un relato del pasado o negarse a compartir fotos o anécdotas de la persona fallecida, para no llevar al llanto al que está de duelo, es un grave error que sólo sirve para añadir más dolor al dolor.

No hay que temer nombrar y hablar de la persona fallecida. Está claro que es beneficioso permitir y alentar al que está de duelo para que hable del ser querido que ha muerto tanto como necesite (y no más de lo que necesite). Si al hacerlo rompe a llorar, no tenés que decir o hacer nada en especial, lo que más necesita en esos momentos es tu presencia, tu cercanía, tu compañía y tu afecto. Tampoco temas llorar o emocionarte con su llanto. No hay nada de malo en mostrar tu pena, en mostrar que a vos también te afecta lo que ha pasado, en mostrar que te duele ver a tu amigo o familiar en esa situación.

Recordar a la persona amada es un consuelo para los supervivientes, aunque a veces hasta los más cercanos no puedan comprenderlo. Una pareja de padres que atendí alguna vez me decía: "Es muy triste recordar cómo los parientes y los amigos más íntimos rehuían hablar o siquiera pronunciar el nombre de nuestra hija. Desviaban la conversación hacia cualquier otro tema. Tal vez tenían miedo de alterarnos o de hacernos llorar, pero actuaban como si pensaran que la muerte de un hijo fuera contagiosa".

Las primeras horas. El entierro y más

Un item aparte para la más desacreditada de las ayudas y una de las más importantes. Ocuparse de establecer y llevar a cabo los rituales funerarios (entierro, velatorio, avisos fúnebres) y las urgencias de las primeras horas (llamadas, cuentas, pagos, manutención mínima de la casa). Quizás parece cruel decirlo así pero el aspecto de algo no cambia su veracidad, éste es uno de los roles imprescindibles del acompañamiento que necesita el que está de duelo y que sólo la familia más cercana o los amigos del corazón se atreven a desempeñar, porque a veces implica incluso tomar decisiones por otra persona, que puede después criticar o reprocharnos. Todas las sociedades han desarrollado rituales (costumbres o ceremonias) alrededor de la muerte de un ser querido. Ritos que cambian de cultura en cultura y de tiempo en tiempo pero cuyo sentido parece ser siempre el mismo.

Ya he dicho que aprendí a entender que **ciertos ritos son hitos** y por lo tanto son importantes en sí mismos, aunque más no sea para separar el antes del después.

Además los rituales fúnebres parecen cumplir con cinco funciones:

- Preservar a los supervivientes y ayudarlos a enfrentarse a la muerte.

- Mostrar la realidad de la pérdida y permitir la expresión pública del dolor.

- Hacer conocer la pérdida y permitir la expresión de solidaridad y apoyo.

- Despedirse del muerto junto con los demás.

Y un sentido más simbólico y gregario...

- Comprobar que el grupo continúa viviendo y de alguna forma confirmando el triunfo de la vida sobre la muerte.

Procurar el tiempo necesario para el duelo

Según lo cuentan la mayoría de los que pasaron por allí, el principio del camino de las lágrimas suele ser muy acompañado, pero eso no dura demasiado. Ni siquiera suficiente. Según la queja de muchos de ellos a poco de andar la mayoría de los que se acercaron y prometieron compañía y apoyo de todo tipo han desertado.

En una vieja serie de televisión el protagonista se despierta la mañana siguiente a la ceremonia fúnebre por el entierro de su esposa y mientras mira sus ojos hinchados en el espejo rajado del baño de su cuarto, se pregunta:

¿Dónde están ahora, apenas después del entierro, todos los que hace un par de horas se ofrecieron a estar cerca mío hasta que me repusiera?

Injusta o no esta sensación existe y cuando sucede es muy desoladora.

Obviamente no es necesario mudarse a la casa del que está de duelo, ni obsesionarse con la idea de no alejarse de él o de ella ni por un segundo.

El contacto puede mantenerse de muchas maneras, no es tema de presencia física concreta, aunque la incluye. Una visita breve, un café compartido, un corto paseo, una carta, un e-mail o una llamada telefónica, pueden ser suficientes para romper su soledad y recordarles que allí estamos.

Especialmente cuando así lo piden.
Especialmente durante el primer año.
Especialmente en las fiestas y los aniversarios.[13]

Hace unos años una paciente que acababa de perder a su padre me mandó una copia de esta carta que no sabemos quién escribió y que alguien le mandó en un correo electrónico. Están allí reflejadas, con la pureza de lo coloquial, las verdaderas necesidades de alguien que en pleno proceso de duelo decide compartir con su amiga el dolor a corazón abierto.

Carta a mi mejor amiga

Por favor, quiero que sepas que yo necesito que me sostengas. Aunque no te lo diga y aunque a veces te diga que no.

Puede que por el momento no sea capaz de pedirte ayuda porque estoy bastante aturdida pero siempre preciso saber que estás ahí.

Debés saber que yo no espero que me hagas sentir bien ni que hagas que desaparezca mi pena. En este momento nadie puede.

13. Que son momentos particularmente dolorosos en los que suele ser muy importante estar cerca de la persona en duelo porque las cicatrices "recuerdan" lo perdido.

Lo que necesito es que me ayudes a calmarme, que aceptes mi dolor y que seas tan sabia como para soportar tu impotencia cuando no te dejo ayudarme.

Si no podés llamarme porque no soportás tu dolor o no querés aguantar el mío, decímelo. Yo lo voy a entender mejor que si pusieras excusas de todo tipo.

Espero que puedas entender mis enojos y perdonar mis exabruptos.

No sos vos ni los demás los que me enojan. Es saber que he perdido para siempre a quien más quería.

No trates de evitar mis lágrimas. Verme llorar puede ser duro para vos, pero es un modo saludable de expresar un poco de mi pena.

Te aseguro que llorar es bueno para mí, por eso cuando me encontrés llorando tratá de sentarte a mi lado y dejarme llorar al lado tuyo, ése será un gran consuelo.

No trates de conformarme comparando mi pérdida con otras peores. Mi pena es mía e intransferible.

No me digas que lo que sucedió fue "porque Dios lo quiso". Oír esto no me consuela en este momento y sólo agrega confusión espiritual y desolación a lo que siento.

No me digas que "fue lo mejor que podía pasar" porque sé que no es verdad.

No me digas "me imagino cómo te sentís". Nadie puede. En todo caso, por favor, preguntame cómo me siento hoy y yo trataré de contarte.

No me pidas que "deje esto atrás, que olvide y que siga adelante con mi vida".

Ésta es mi vida.

Y entendeme si no puedo compartir los momentos felices que estás viviendo. Me gustaría poder.

Si querés de verdad hacer algo conmigo, intentá ofrecerme encuentros específicos… un almuerzo, una tarea hogareña, una hora libre. Yo *estoy demasiado herida para poder pensar más allá de hoy o para decidir un programa atractivo.*

Necesito hacer el duelo, sabés.

Necesito ser yo, y necesito no olvidar.

Quiero sólo encontrar una manera de recordar en paz.

Te pido que me abraces, que me toques el pelo y que digas que cuento con vos, que podés cuidarme y que querés acompañarme en este camino.

El camino de las lágrimas, tan árido y fantasmal.

Finalmente, amiga querida, te ruego que aceptes mi duelo, sin interferir y que admitas mi sufrimiento sin resistencias.

Yo siempre recordaré el amor sanador que me ofreciste.

Ayuda de la sociedad. Ayuda de desconocidos

Las intervenciones terapéuticas para el duelo son variadas e incluyen terapia individual y de grupo. Sabemos que los métodos de tratamiento que fueron efectivos en el tratamiento de duelos menos complicados difieren de los métodos usados en duelos más complejos, pero la suma de todas las formas de actuar en asistencia al duelo dista mucho de ser infinita.

Los métodos de tratamiento más usados y efectivos en los últimos cinco años, según las encuestas mundiales, incluyen:

- Los grupos de ayuda mutua autogestionados.
- La psicoterapia dinámica de tiempo limitado (terapia breve).
- Las intervenciones sobre comportamiento de inspiración cognitiva.
- El tratamiento farmacológico con terapia de apoyo.

- El entrenamiento en desensibilización al trauma de orientación conductista.
- La terapia gestáltica y los talleres temáticos.
- Y algunos pocos más.

La gran mayoría de los duelos (normales) transcurren sin complicaciones y se completan saludablemente dentro de un tiempo razonable sin intervención externa.

El apoyo de grupos sociales, familiares y amigos así como el aporte de personas calificadas o profesionales entrenados puede de todas formas ayudar a mejorar la calidad del proceso de duelo.

Las metas de orientación para la ayuda descritas por Worden reproducen algunos de los conceptos que hemos hablado para el acompañamiento no profesional, pero dándole una vuelta más que solamente podría quedar en manos de alguien que no esté directamente comprometido personalmente con la pérdida, para conseguir así la garantía de cierta cuota de no contaminación.

Estos objetivos y métodos de la intervención profesional o grupal describen lo que la tarea asistencial debe buscar y hacer. Según Worden, no son más que diez:

1. Ayudar a la persona en duelo a aceptar la pérdida, invitándola a hablar acerca de ella y de las circunstancias que la rodearon.
2. Ayudar a identificar los sentimientos relacionados con la pérdida (rabia, culpa, ansiedad, tristeza), no criticando su presencia, más bien avalando su expresión.
3. Ayudar a vivir sin el fallecido y a tomar sus propias decisiones.
4. Ayudar a independizarse emocionalmente del fallecido y establecer relaciones nuevas.

5. Ayudar a enfocar su duelo en situaciones especiales como cumpleaños y aniversarios.

6. "Autorizar" la tristeza dejando saber que es lo apropiado e informando de las diferencias individuales de este proceso.

7. Dar apoyo continuo, incondicional y sin límite de demanda.

8. Ayudar a la persona a entender su propio comportamiento y su estilo de duelo.

9. Identificar problemas irresueltos y eventualmente sugerir ayuda profesional psicoterapéutica más prolongada y profunda.

10. Escuchar... comprender... escuchar... comprender... escuchar... y comprender.

Terapia profesional para pacientes en duelo

La terapia está indicada en personas que manifiestan un duelo complejo u anormal. Si tuviera que definir su objetivo abreviadamente, sonaría casi paradójico:

**Una persona que necesita ayuda
para poder recibir ayuda.**

En términos un poco más técnicos, identificar y resolver los conflictos de separación que interfieren con la culminación de su proceso de duelo.

Una terapia de duelo puede ser individual o de grupo, pero en ambos casos es necesario como en cualquier terapia (o tal vez en estos casos sea imprescindible) por un lado descartar cualquier patología orgánica que esté sobreagregada (especialmente si hay síntomas físicos) y por el otro establecer un "contrato" terapéutico claro que defina tiempo previsto de terapia (que se podrá corregir si es necesario), costo, expectativas y enfoques.

La terapia de duelo requiere hablar sobre todo acerca de la persona fallecida y de la relación que la persona que consulta tenía con ella. El terapeuta deberá reconocer si hay emociones mínimas o exageradas alrededor de la pérdida. A veces una descripción persistente e idealizada de la persona fallecida puede indicar la presencia de sentimientos ambivalentes de amor-odio. Una buena relación terapéutica puede ayudar al que está de duelo a ver que la culpa, rabia, u otros sentimientos "negativos" no impidan ni desplacen a otros más positivos ni viceversa.

Las más de las veces las complicaciones en el proceso surgen debido a algún duelo anterior mal resuelto. Los conflictos relacionados con pérdidas anteriores deben ser manejados con habilidad y entrenamiento para poder resolver satisfactoriamente el presente duelo.

La terapia de duelo incluye también lidiar con la resistencia del consultante al proceso de duelo, identificar los asuntos pendientes con el fallecido y también con reconocer y acomodar las pérdidas y ganancias secundarias como resultado del fallecimiento.

Por último el doliente debe ser ayudado a aceptar lo irreversible de la pérdida, y visualizar lo que será su vida después de recorrer hasta el final el húmedo camino de las lágrimas.

A veces el tratamiento psicoterapéutico profesional es indispensable y a veces no es suficiente.

Cuando pasado un tiempo el paciente continúa estancado en el lugar del duelo patológico y no parece querer hacer nada para salirse de donde está trabado, puede ser que necesite ayuda medicamentosa.

Dejando en claro, una vez más, que me resisto a que esto sea tomado como norma y más aun a que sea la elección de primera instancia, cuando un paciente ni siquiera puede, pobre, escuchar a quienes pretenden ayudarlo, la medicación terapéutica puede abrir una puerta por donde poder entrar, para poder ayudar.

Pero atención: la medicación es un parche, no soluciona nada.
Nada.
Nadie se cura de un duelo tomando antidepresivos.
Nadie.
Lo único que la medicación puede hacer es abrir la puerta.
Y a veces hace falta.
A veces...

La mejor de las drogas es sin lugar a dudas la presencia sostenida de quienes amorosamente deciden acompañar al que pena; y aun de ellos habrá que cuidar al paciente.

Habrá que alentarlo y acompañarlo hasta que encuentre en su entorno los que puedan darle:
• Respeto
• Permisos
• Compañía
• Sostén

- Ayuda concreta
- Facilidades
- Propuestas
- Presencia

Habrá que advertirle y alejarlo por el momento de aquellos que asegurándole su amor y buenas intenciones le hablen de:

- Esforzarse
- Empujar
- Manipular
- Salvar
- Interrumpir
- Olvidar
- Invadir
- Disimular
- Apurar

Aceptemos, como ayudadores profesionales que somos, que puede haber alguien que está muy triste, con mucho dolor, y que con sinceridad no quiere por ahora que lo ayudes a salirse de ese lugar. Aceptemos también el derecho de quien no está loco, sino de duelo, a que decida cuándo es su tiempo. Hay que tener mucho cuidado, hay que ser muy respetuoso. A veces es muy difícil saber si estás molestando o estás ayudando.

A estos pacientes más que a los otros deberíamos ayudarlos, aunque más no sea, a no sucumbir a los manejos sociales (de familiares cercanos, padres o amigos) que intentan cargarlo con la presión culposa de los "hacelo por mí" y los "tenés que salir".
Que siguen con:

"Pensá en nosotros..."
"Tenés familia..."
"Porque tus hijos..."
"Porque tu esposo..."
"Porque fulano..."
"Porque mengano..."

Puede que sea una buena idea recordarle al paciente que hay otras cosas importantes en su vida, pero no lo es forzar una actuación y menos desde la culpa. Como terapeuta me importa más llamarle la atención para que se ocupe de terminar con el duelo cuando sea capaz de hacerlo por él mismo y para él mismo.

Les digo a los que están de duelo:

En medio de este luto que tenés, en medio de este dolor, te llama tu mejor amiga y te dice:

—Yo sé que estás mal, pero te necesito, así que, por favor, dejá lo que estás haciendo, salí de tu casa, vení, ayudame, necesito de verdad que me consueles, necesito de verdad que me contengas, necesito que me ayudes a amigarme con la vida, porque estoy en un momento muy difícil, por favor vení.

A pesar de tu duelo, ¿qué creés que harías?

Y en general los dolientes respiran hondo pero siempre dicen:

—Iría.

—Irías, ¿seguro?

—Sí, sí.

Y entonces agrego como el mago de una feria:

—Tu mejor amiga sos vos. Y te estás pidiendo eso. ¿Vas a ir o no?

Vivir el duelo entre los más jóvenes

La muerte es una realidad que nos acompaña en nuestra vida. Desde que nacemos, todos sabemos que hemos de morir. Es un hecho natural, pero cuesta mucho tratarlo con naturalidad. Por eso hay que ir preparando el terreno para abordar y hablar de esta realidad con nuestros hijos.

Antes de que los hijos se encuentren con la realidad de la muerte de personas cercanas y queridas, hay situaciones y actitudes de la vida cotidiana que ayudarán al niño, desde muy pequeño, a irse acercando al hecho de la muerte. La rotura de un juguete, la muerte de una mascota o la historia de un personaje histórico pueden ayudarnos a explicar lo que significa una pérdida definitiva.

No hay que preocuparse de que nos vean tristes o llorando; al contrario, esto hará que el hijo se sienta más acompañado y que se dé cuenta de que sus sentimientos también son compartidos por los seres que más quiere. Si ve que los adultos intentan esconder y disimular sus sentimientos, aprenderá pronto a no expresarlos y se sentirá solo con su dolor. Aunque no siempre expresen sus emociones, éstas son intensas y muy desestabilizadoras, sobre todo si no las pueden expresar. Si perciben que sus sentimientos (rabia, miedo, tristeza…) son aceptados por su familia, los podrán sacar más fácilmente, y esto los ayudará enormemente.

Frases como "no llores", "no estés triste", "tenés que ser valiente", "no está bien que pienses esto o aquello" pueden cortar la libre expresión de emociones y bloquear crónicamente la expresión del dolor.

Cuando les mostramos lo que sentimos, tanto el niño como el adolescente nos perciben más cercanos, y es más fácil entonces que nos digan también lo que les está pasando. Es básicamente ésta la razón para no tener miedo de mostrar los propios sentimientos. En todo caso la única excepción a mencionar sería evitar que tanto los más pequeños como los que ya son jóvenes adolescentes presencien (si se puede evitar) escenas de pérdida de control de los adultos que los tienen a su cargo.

El niño de duelo

Acompañar a un niño durante un duelo significa ante todo tener el cuidado de no caer en la fácil tentación de **apartarlo** de la realidad que se está viviendo, con el pretexto de ahorrarle sufrimiento.

Aunque posiblemente no esté en condiciones de comprender todavía qué es la muerte (¿es que acaso nosotros la comprendemos?), es perfectamente sensible a la reacción de los adultos que lloran y sufren a su alrededor, se da cuenta de los cambios en la rutina de la casa, y con toda seguridad percibe y resiente la ausencia de contacto físico con la persona fallecida... En otras palabras cualquier niño, aun los más pequeños, percibe que algo pasa y le afecta.

Por eso, por más que resulte doloroso y difícil hablar de la muerte con el niño, es mejor hacerlo lo antes que se pueda. Se trata de encontrar no sólo un buen momento y un lugar adecuado sino también de explicar, con un lenguaje adecuado a su edad, lo ocurrido sin dramatismo y sin mensajes confusos. Es importante invitarlo a preguntar lo que no le quede claro y tratar de contestar todas sus preguntas. Si no se tiene respuesta deberá decirse sencilla y amorosamente "No lo sé".

A los más pequeños les costará entender lo que significa la muerte. Será necesario ser pacientes para explicar una y otra vez el significado de algo definitivo e irreversible. Recordar que para iniciar adecuadamente el proceso de duelo, es necesario para cualquiera dejar de esperar al ser querido, y para eso el niño debe llegar a comprender también que éste no regresará nunca.

En el caso de familias religiosas y observantes éste suele ser el momento para poder hablar del sentimiento de conexión con lo espiritual o más concretamente de la relación del hombre y un Dios que no abandona nunca, ni en la vida ni en la muerte.

Algunas frases que las abuelas solían decir para proteger a los más pequeños del dolor, terminaban muchas veces teniendo consecuencias más catastróficas que el esperable dolor por la muerte de un abuelo o de un tío muy querido.

Una frase como "Se ha quedado dormido para siempre" bien puede generar el temor del niño a dormir (por el miedo de no poder despertarse)…

"Se ha marchado de viaje" podría terminar en una crisis de pánico cada vez que deban subirlo a un auto o a un tren…

"Está muy lejos y no puede volver" puede redundar en que a pesar de todo el niño permanezca aguardando.

Lo mejor posiblemente sea utilizar la metáfora de los cuentos o los ejemplos traídos de la naturaleza como la caída de las hojas, la muerte de los animales, o el ciclo vital de algunos insectos (a mis hijos les encantaba que yo les hablara de las mariposas y siempre se fascinaban con el hecho de su corta vida de solamente un día). A veces es bueno explicar que todos, también los médicos y las enfermeras hicieron lo posible para curarlo, pero que, a veces, el cuerpo está tan herido o enfermo que las medicinas no lo pueden curar.[14]

Muchos padres se angustian frente a la actitud a tomar frente a temas como velorio, cadáver, entierro…

Mi postura personal y terapéutica es que hay que permitir y animar al niño a asistir y participar en lo que está pasando a su alrededor. Con la sola precaución de explicarle antes qué verá, qué escuchará y por qué; tomar parte del rito puede ayudarlo a comprender qué es la muerte y a iniciar mejor el proceso de duelo. Esto incluye también permitir que el niño vea el cadáver (no si está dañado, deformado o irreconocible).

---

14. Aviso: según mi experiencia, la decisión de mentir o esconderle al niño la causa de la muerte suele ser muy difícil, además de que, en el mejor de los casos, es absolutamente inútil.

Es importante para su evolución y elaboración saber que quien ha muerto deja de moverse, no respira, no come, no habla, no hace pis ni caca, y ya no siente dolor, ni frío, ni hambre…

Una vez más si el niño no quiere ver el cadáver o participar en algún acto, no es bueno forzarlo, con ningún argumento.

Ocuparse de los hijos

Si los padres o el padre superviviente están demasiado afectados para ocuparse del niño, puede ser conveniente que otra persona se responsabilice de acompañarlo durante estos primeros momentos. Por supuesto que lo mejor es que sea alguien cercano al niño, una persona que le permita expresar sus emociones y que sea capaz de contestar a sus preguntas. Si un niño tiene dos años y su abuelito se murió, hay que decirle "el abuelito murió" y sostener lo que siga. Yo creo que somos nosotros los que en realidad nos asustamos de las respuestas verdaderas. Cuando muere un ser querido, todos necesitamos consuelo y sentirnos rodeados de un ambiente de confianza y de seguridad y esto sólo puede darse cuando decimos la verdad.

Básicamente hay cuatro o cinco grandes preguntas que generan otros tantos temores en el niño ante la muerte de, por ejemplo, uno de sus padres:

¿Por qué se murió?
¿Fue culpa mía?
¿Me pasará esto a mí?
¿Quién me va a cuidar?
¿Quién va a jugar conmigo ahora?

Como algunos niños parecen creer que la muerte es "contagiosa" pueden pensar si por ejemplo su padre muere que están en peligro de ser abandonados también por la madre.

Es imprescindible asegurarle, en este ejemplo, que la madre está triste pero que se encuentra bien y que no le va a pasar lo mismo. Darle la certeza que ella estará a su lado y seguirá ocupándose de cuidarlo lo mejor posible. Es muy importante fortalecer en los primeros momentos el contacto físico. Acercarse, sentarlo a nuestro lado, sostenerlo en brazos, abrazarlo, escucharlo, llorar junto con él... Y que esto no signifique un impedimento para dejarlo solo en su habitación o permitirle salir a jugar con sus amigos...

Una de las emociones más frecuentes y por otra parte más comprensible, es la de la rabia por haber sido abandonado por el que murió. Esta verdadera "bronca" aparece de mil maneras: irritabilidad, pesadillas, juegos ruidosos, travesuras y a veces con síntomas, vómitos, fiebre, golpes...

Si esto sucede habrá que empezar por buscar y encontrar la manera de que exprese su enojo, gritando, corriendo, golpeando...[15] y estar alerta sobre alguno de los síntomas de peligro como podrían ser:

- Pérdida de interés por las actividades que antes le gustaban.
- Dificultades para conciliar el sueño.
- Pérdida de apetito o lo opuesto.
- Miedo de quedarse solo.

15. Para mí, terapeuta gestáltico, un buen par de almohadones grandes pueden ser de mucha ayuda...

- Comportamiento regresivo (hacerse pis, hablar como un bebé...).
- Imitación excesiva de la persona fallecida.
- Expresiones repetidas del deseo de reencontrarse con el fallecido.
- Aislamiento.
- Fracaso escolar importante o negativa de ir a la escuela.
- Negación, ansiedad, llanto fácil.
- Sustitución del fallecido por otra figura familiar (llamar papá al tío).
- Reiteración de ideas.
- Síntomas físicos que permanecen en el tiempo.
- Y hasta reacciones hostiles.

Respetar su manera de afrontar la pérdida

La principal diferencia entre la pena en un niño y la de un adulto, es que la del niño puede aparecer de una manera más intermitente que en los adultos, aunque el proceso dura mucho más tiempo. El proceso de duelo tiene que ser analizado varias veces durante el desarrollo de la vida de un niño que revivirá la pérdida con frecuencia durante toda su infancia (al ir de campamento, en su graduación) y también en los momentos importantes de su vida adulta (matrimonio, nacimiento de un hijo, etc.).

Los niños no reaccionan a la pérdida de la misma forma que los adultos, y podrían no demostrar sus sentimientos tan abiertamente. Su comportamiento en general dice más que sus palabras. Para espanto de sus padres un niño puede jugar a hacerse el muerto como manera de ventilar a través del juego sus sentimientos más ocultos o jugar a dialogar con la persona fallecida como si estuviera allí presente en carne y hueso. Estos padres, madres o hermanos imaginarios deben ser respetados si no se prolongan en el tiempo y sobre todo si el niño admite con facilidad que es un juego.

Lo más habitual es que el niño elabore el duelo alternando fases de preguntas y expresión emocional, con intervalos en que no menciona para nada el asunto.

El duelo en el adolescente

Dado que la adolescencia suele ser de por sí una etapa difícil, la irrupción brusca de una muerte suele complicar al joven la tarea de hacerle frente a todos los cambios, dificultades y conflictos propios de su edad.

Como el niño, el adolescente tampoco expresa lo que siente, pero en este caso es porque se convence de que debe comportarse como si se las arreglara solo.

Pensamiento muchas veces avalado por alguna tía que en una intervención muy poco feliz le dice por ejemplo, a un jovencito de 15, que ante la muerte de su padre él debe sostener emocionalmente a su madre para que no se caiga…

¡Pobrecito!

Él, que no se siente en condiciones de sobrevivir a su propia angustia, es el exigido para hacerse cargo del dolor de su madre.

El gran peligro de estas actitudes de negación o postergación del duelo es por supuesto que la pena se transforme con el tiempo en resentimiento, miedo, impotencia o depresión... la antesala de empezar a preguntarse por qué y para qué vivir.

Además de signos de depresión algunos adolescentes pueden mostrar alguno de estos comportamientos preocupantes.

- Dificultades para dormir, impaciencia, baja autoestima.
- Fracaso escolar e indiferencia hacia su aspecto personal.
- Deterioro de las relaciones familiares o con los amigos.
- Abuso de alcohol y otras drogas, peleas callejeras, sexualidad promiscua.
- Negación del dolor, alarde de fuerza y madurez o práctica de deportes de riesgo.
- Cambio de hábitos, de pareja y de núcleo social (siempre a peor).

Como en todos los casos se impone frente a cualquier complicación la recomendación de un diagnóstico profesional.

A pesar de su aspecto de casi adulto, la inmadurez emocional de los jóvenes requerirá de mucho apoyo afectivo para emprender el doloroso y difícil camino de las lágrimas.

Muchas veces los adolescentes pensarán (al igual que muchos padres) que el verdadero alivio vendrá de la mano de sus pares y la ayuda útil de la presencia de sus amigos, pero cuando se trata de la muerte, salvo que alguno haya pasado por una situación familiar, los jóvenes se sienten impotentes y asustados y lo más probable es que se alejen ignorándolo totalmente.

Uno de los episodios más vergonzantes de mi vida fue mi actitud frente a la muerte de la madre de mi amigo Salvador, mientras éramos compañeros en el colegio secundario. Ella era para mí una madre adicional, igual que la mía era para mi amigo "Lume". Y sin embargo frente a la noticia de su muerte, lo único que sentí fue que el cuerpo se me paralizaba. Me acuerdo de la sensación de querer salir corriendo literalmente y no poder. Después del entierro saqué un pasaje en tren a Mar del Plata y desaparecí por diez días. Hoy sé que fue una huida, y que no podía comprender del todo lo que estaba pasando; pero en ese momento lo único que yo pensaba era en alejarme lo más posible de un dolor insoportable que me oprimía el pecho y no me dejaba respirar. Definitivamente yo no estaba preparado para poder contener lo que imaginaba era la ruptura del corazón de mi amigo, ni para forzarme a aceptar ponerle el cuerpo a la muerte de esa maravillosa mujer.

Muchos años después pude reparar en mi interior aquella actitud, acompañando hasta el final y aun después a otro amigo que perdía a su madre en una cruel agonía.

Acompañar al que va a morir

The ultimate gift of love
is letting someone die
in their own way.

Dice el Dalai Lama que para no ser arrancado de cuajo por una tormenta, el árbol cuenta casi exclusivamente con sus raíces. Si ellas son fuertes y están bien hundidas en la tierra, el árbol tolerará sin problemas los embates del viento más fuerte. Pero cuidado, advierte el Lama, el árbol no puede pretender empezar a echar raíces cuando la tormenta ya está en el horizonte. En este caso, como en otros, cuando surge la necesidad quizá sea tarde.

Del mismo modo, las decisiones que afectan la etapa final de la vida deben ser tomadas antes de que llegue el momento. Aunque estos temas nunca son placenteros ni fáciles de hablar cada uno debe hacerse el lugar y encontrar el espacio para tratar con quienes decida sus sentimientos y preferencias acerca de aquellas decisiones.

En los últimos años, de la mano del avance de la medicina y la tecnología, cada vez es más posible que la situación de la muerte no sea una sorpresa total. El diagnóstico precoz, los tratamientos paliativos y la terapia de crisis, sumados a la eficiencia de las salas de cuidados intensivos nos dan frecuentemente el tiempo de acompañar al que está por partir a su último viaje. Sin embargo debido a la naturaleza sensibilizadora y de alguna manera triste de estas decisiones, creamos una especie de "conspiración del silencio" que pospone o prohíbe que se hable del asunto, como si temiéramos que al sacar el tema convocáramos a la muerte (como si el árbol creyera que ocuparse de sus raíces fuera capaz de anticipar la tormenta).

Los pacientes argumentan que no quieren preocupar a sus familias.

La familia teme que el paciente se deprima o se dé por vencido.

Los médicos (salvo los que se dedican al tema) se sienten incómodos hablando de la muerte y no quieren preocupar al paciente y a la familia.

Los amigos más cercanos no quieren ser ellos los que empiecen a hablar de ese momento, aunque estarían dispuestos a ayudar si se les pide que participen.

Todos piensan que hay mucho tiempo por delante para hablar acerca de eso.

Sin embargo cuando llega el momento de tomar las decisiones que el momento final exige, no se toman, se postergan peligrosamente y en la emergencia terminan finalmente siendo tomadas por terceros lejanos o desconocidos que no saben los verdaderos deseos del paciente y su familia.

De cualquier manera, lo más importante y significativo del acompañamiento final es, como su nombre lo indica, la presencia. El simple pero difícil acto de estar cerca del ser querido en el último tramo de la vida. Una decisión que sólo puede servir si es tomada con el corazón. Una posibilidad también, si todo ha sido hablado, de compartir sin que sea necesariamente dramático, un momento importante, el último de esta vida, con la persona amada.

Un cuento clásico…

Después de haber sostenido la posición de avanzada como la misión encomendada, el sargento había ordenado la retirada.

Las tropas enemigas se acercaban y había que regresar a las propias filas entre la metralla y el bombardeo.

A la carrera la mayoría de los soldados se zambulló en la trinchera del lado seguro.

—Sargento —dijo Antonio—, Pedro no está.

—Cuánto lo siento —contestó el sargento—, debe haber caído durante la retirada.

Antonio agarró el fusil y se puso de pie.

—¿Qué hace, soldado? ¡Agáchese inmediatamente! —ordenó el sargento.

—Voy por él —dijo Antonio.

—¡Quédese donde está! —ordenó—. Aún cuando pudiera encontrarlo, no tiene sentido correr ese riesgo. Lamentablemente Pedro ha sido alcanzado por las balas del enemigo.

—No le estoy pidiendo permiso —dijo Antonio y empezó a correr hacia la zona que acababan de abandonar.

—¡Soldado! —gritó inútilmente el sargento—. ¡Soldado!

Media hora después, cuando todos lo daban también por muerto, Antonio regresa arrastrándose con una bala en su pierna y una chapa de identificación apretada en su mano derecha. Era la placa que había arrancado del cuerpo sin vida de Pedro.

El sargento saltó de la trinchera para ayudar a Antonio a llegar. Mientras lo empujaba literalmente dentro del enlodado lugar le gritaba a los enfermeros que le pusieran un torniquete en la herida para detener la hemorragia.

—Le dije que no valía la pena —le dijo mientras señalaba la placa de metal.

—Valía —dijo Antonio.

—No entiendo… ¿Por qué valía la pena? De todas maneras él está muerto y ahora te tengo herido gravemente. Podría haber perdido dos hombres en lugar de uno.

—¿Sabe, sargento? —dijo Antonio, con una increíble sonrisa en sus labios llenos de moretones y de sangre seca—… Cuando lo encontré todavía vivía… me acerqué y le tomé las manos. Él abrió los ojos y me miró… Casi sonrió… Claro que valió la pena… Antes de morir en mis brazos me dijo "sabía que vendrías".

El que muere
no puede llevarse en su viaje
nada de lo que consiguió y tiene;
pero se llevará, con seguridad,
todo lo que dio.

Padre Mamerto Menapace

Después de recorrer por primera vez el camino de las lágrimas uno siempre se da cuenta de que la mejor manera de afrontar y superar las pérdidas en nuestras vidas es ocupándonos en forma permanente de nuestra salud y de la felicidad que seamos capaces de crear a nuestro alrededor.

Solamente así se podrá tomar cada pérdida como lo que es, una parte más de la vida y del aprendizaje.

Éste es el propósito de hablar de estos temas, muchas veces inquietantes y muchas más para algunos, dolorosas; desarrollar una nueva conducta y una mayor aceptación de los duelos, empezando por alentar y avalar toda manifestación de dolor propio o ajeno exponiéndolas a cara descubierta y sin miedo de ser rechazado, aislado o expulsado por hacerlo.

Es necesario comprender y aceptar que en última instancia toda relación con el universo y tanto más con nuestro limitado mundo social es efímera. Para poner solamente algunos ejemplos evidentes:

Cada pareja termina de una o de otra manera.
Cada triunfo se acaba.
Cada meta puede volverse inalcanzable.
Cada momento presente pasará.
Cada vida llega a su fin.

He tratado de establecer siguiendo las enseñanzas de muchos, pero sobre todo los conceptos de Judith Viorst, que el duelo es una emoción apropiada y pertinente y que las pérdidas son imprescindibles para nuestro crecimiento personal.

El duelo no es pues una mala palabra, ni la expresión de la debilidad de alguien frente a una muerte, no es una emoción que hay que evitar a cualquier precio ni algo para esconder de la mirada de los amigos ni de la de los enemigos.

En un grupo de autogestión de padres que han perdido hijos me encontré un gran cartel que colgaba muy visible en la entrada de su lugar de reunión. Decía:

Bienvenidos sean los tres
Vos, tu risa y tus lágrimas

Todos aprenderemos tarde o temprano, sobre todo en carne propia, que recuperarse de un duelo necesita tiempo, igual que una herida, igual que un resfrío, igual que el rearmado de un castillo de naipes que una brisa derrumbó…

Sólo con un duelo se aprende la experiencia de vivir un duelo, y quizás esta experiencia no alcance para garantizar una fácil resolución del próximo, pero seguramente me habrá enseñado alguna de estas cuatro cosas:

1. Que... el único camino para terminar con las lágrimas es a través de ellas.

2. Que... nadie puede recorrer el camino por vos.

3. Que... es la idea del dolor insoportable lo que hace pesado el recorrido, y no lo insoportable del dolor.

4. Que... los duelos saludables difícilmente se recorren en soledad.

El paso por el doloroso y necesario camino de las lágrimas nos dejará más resueltos, maduros y crecidos, más allá de lo difícil que nos haya resultado el recorrido.

Al final de cada recorrido encontraremos siempre el premio de resignificación de lo perdido y la transformación de nuestro dolor en fecundidad.

Dejame que te regale un último cuento.

Con toda seguridad uno de los cuentos más tristes y más bellos que recuerdo:

La historia de Guedalia el leñador.

En un pueblito judío de Polonia su gente se preparaba para la más sagrada de sus festividades:

Iom Kippur. El día del perdón.

Al salir la primera estrella y como todos los años el pueblo casi desaparecía entre las montañas porque nadie hacía otra cosa que estar en el templo rezando y ayunando para asegurar así que el buen Dios los inscribiera a cada uno y al pueblo entero en su libro para un buen año.

Durante todo un largo día ningún judío observante comía, ni bebía, ni trabajaba, ni se divertía. Sólo se consagraba a la oración.

Estaba oscureciendo cuando el último de los jasidim *del pueblo llegó jadeante al templo gritando:*

—Rabino... Rabino.

—¿Qué pasa? —dijo el Baal Shem Tov.

—Tenemos un problema gravísmo. Hay que solucionarlo. Dios nos va a castigar. El pueblo entero volará por el aire con su furia...

—Cálmate... ¿Qué es lo que pasa?

—Yo venía apurado para el pueblo y para llegar a tiempo crucé por el camino de la montaña y pasé cerca de la cabaña de Guedalia... Y allí estaba el gigante frente a una gran mesa llena de comida y bebida dispuesto a darse un atracón de alimentos que le llevaría más de veinticuatro horas tragar. Yo pensé que él no se había dado cuenta del día o de la hora, así que me acerqué a saludarlo y advertirle. Pero apenas me vio llegar y antes de dejarme hablar me gritó:

"Ya sé que estamos empezando el Iom Kippur, pero yo como cuando quiero y cuanto quiero. ¡Fuera de aquí!".

—Y vi brillar la furia en sus ojos y pensé que debía contártelo a ti. Tú eres el Rabino de este pueblo y tú debes salvarnos de la ira de Dios por esta ofensa.

—¿Qué pretendes que haga? Empieza Kippur, hablaré con él el lunes...

—Estás loco, ¿cómo el lunes? ¿No te das cuenta? Para el lunes Dios puede destruir toda la región.

—No, no, no, no —agregaron todos los demás—. Tienes que ir

ahora para salvarnos a todos de ese salvaje que nos quiere matar. Mientras tanto rogaremos a Dios que tenga paciencia hasta que hables con él y no destruya este pueblo por los pecados de Guedalia.

El Baal Shem Tov agarró su vara de caminar y se dirigió al bosque donde estaba la cabaña del leñador.

Desde lejos se veía la gran mesa de madera llena de carnes y frutas y verduras iluminada con lámparas de aceite. Al llegar, la noche había caído y el día del perdón había empezado. En efecto, Guedalia estaba comiendo como si nunca hubiera probado bocado. Era impresionante. El leñador era realmente un gigante, tan alto como un pino, tan ancho como un ombú, tan fuerte como un roble. Y allí estaba esa mole comiendo y bebiendo casi sin parar para respirar.

—¿Qué pasa, Guedalia? ¿Por qué estás comiendo el día de hoy, que es el día del perdón? Puedes comer todos los otros días pero hoy podrías acompañarnos en nuestro ayuno.

—No —dijo Guedalia.

—¿Por qué no, Guedalia? ¿Te hemos ofendido?

—No tengo tiempo para conversar, Rav. Tengo todo esto para comer y mañana ya debo volver a trabajar...

—¿Por qué dices que debes comer toda esa comida?, ¿cuál es la necesidad de comer tanto?

Guedalia siguió comiendo desesperadamente sin contestar una palabra.

Baal Shem Tov se sentó en el suelo en silencio y comenzó a rezar.

Así se pasaron toda la noche y todo el día siguiente. Ninguno de los dos durmió. Uno rezando y el otro comiendo.

Finalmente la primera estrella apareció de nuevo en el horizonte y el Baal Shem Tov se levantó y se acercó a Guedalia.

La mesa estaba vacía salvo por algunas migas de pan que se habían escapado a la voracidad del único comensal.

El Rabino lo miró sin decir nada y Guedalia le habló:

—Un día cuando yo tenía diez años mi padre me llevó con él al bosque. Estaba intentando enseñarme a usar el hacha. Habíamos ido con nuestras dos mulas cargadas de provisiones, unas mantas y las hachas al hombro. Todo sucedió tan rápidamente... cuatro cosacos aparecieron de la espesura, agarraron a mi padre y empezaron a revisar las alforjas de las mulas buscando licor y comida. Después de adueñarse de lo que quisieron, empezaron a burlarse de mi padre. Lo empujaban e insultaban tirando de su barba y pateándole el trasero. En un momento uno de ellos dijo: "Danos la plata que tengas".

Mi padre pobre nunca tenía más que unas monedas de cobre en el bolsillo, así que las sacó y se las dio. "¿Esto es todo, basura?, ¿esto es todo lo que tienes?", le dijeron. "No mereces seguir viviendo".

Y entonces entre tres lo ataron a un árbol mientras el otro me sujetaba en el aire con una mano y me decía "Mira y aprende, pequeño judío, aprende"...

Rociaron a mi padre con un poco de aceite y le prendieron fuego...

Mi padre era pequeño y delgado y se consumió en un instante, casi sin llama.

Los cosacos se fueron.

Y ese día yo juré que durante el resto de mi vida yo iba a comer tanto, iba a ser tan grande, iba a juntar tanta grasa como para estar seguro de que si alguna vez algo igual me pasaba yo iba a arder tan intensamente, iba a largar un humo tan negro, que desde cualquier parte del mundo se vería la columna de humo espeso y todos sabrían que en ese lugar estaban quemando a un hombre.

El Baal Shem Tov se acercó a Guedalia, lo besó en la frente y volvió al pueblo.

Cuentan que desde entonces el Rabino solía decir:

—Si alguna vez este pueblo se salva de alguno de los castigos de Dios, que todos sabemos que se merece, si se salva les digo... será gracias a Guedalia.

BIBLIOGRAFÍA

Aries, Philippe: *El hombre ante la muerte*

Beauvoir, Simone de: *La fuerza de las cosas*

Beauvoir, Simone de: *La vejez*

Burnell, D.: *Clinical Management of Bereavement*

Chateaubriand, P.: *La vejez es un naufragio*

Corr/McNeil: *Adolescence and Death*

Cosby, Bill: *El tiempo vuela*

Cousin, Norman: *La voluntad de curarse*

DeSpelder/Strickland: *The Last Dance: Death and Dying*

Doka, Ed.: *Children Mourning, Mourning Children*

Doka, Ed.: Illness: *A Guide for Patients, Their Families and Caregivers*

Dopaso, Hugo: *El buen morir*

Fitzgerald, H.: The Grieving Child: *A Parent's Guide*

Freud, Sigmund: *Consideraciones sobre la vida y la muerte*

Freud, Sigmund: *Correspondencia a Lou Andreas-Salomé*

Glaser, B. & Strauss, A.: *Time for Dying*

Glick, Weiss, Parkes: *The First Year of Bereavement*

Grollman, E.: Talking About Death: *A Dialogue Between Parent and Child*

Kastenbaum, R: *Death, Society and Human Experience*

Kripper, Daniel: *La muerte, el duelo y la esperanza*

Krishnamurti, J.: *El vivir y el morir*

Kübler-Ross, E.: *On Death and Dying*

Kübler-Ross, E.: *La rueda de la vida*

Kübler-Ross, E.: *Preguntas y respuestas a la muerte de un ser querido*

Lake, Tony: *Living with Grief*

Lacan, Jacques: *Seminario La Ética*

Liberman, Diana y Alper, Silvia: *El duelo de la viudez*. www.due-lum.com.ar

Manoni, Maud: *La última palabra de la vida*

Manoni, Maud: *Lo nombrable y lo innombrable*

Minois, Georges: *Historia de la antigüedad al renacimiento*

Nabe, C.M./Corr, D.M.: *Death and Dying, Life and Living*

Osho: *La muerte, la mayor ficción*

Osho: *Los tres tesoros del Tao*

Parkes & Weiss: *Recovery from Bereavement*

Rando, T.A.: *Treatment of Complicated Mourning*

Schaefer, D./Lyons, C.: *How Do We Tell the Children?: Understand and Cope with Grief*

Schnake, Adriana: *El lenguaje del cuerpo*

Slaiken/Lawhead: *El factor fénix*

Shuchter, Z.: *Treatment of Spousal Bereavement: Multidimensional Approach*

Silverman, Pr.: *Widow-to-widow*

Sófocles: *Edipo en Colona*

Tiffault, B.W.: *A Quilt for Elizabeth*

Viorst, J.: *The Necessary Losses*

Viorst, J.: *Control imperfecto*

Walker, A.: *To Hell with Dying*

Waslawick, P.: *Someone Dies*

Wass, H./Corr, C.A.: *Childhood and Death*

Wolfelt, A.: *Helping Children Cope with Grief*

Worden, W.: *Children and Grief: When a Parent Dies*

Worden, W.: *Grief Counseling and Grief Therapy*

TAMBIÉN DE

JORGE BUCAY

DÉJAME QUE TE CUENTE

Usando su método de contar historias como herramienta para el crecimiento personal, el terapeuta Jorge Bucay comparte una serie de cuentos que sirven como metáforas para situaciones de la vida diaria. Demián es un joven ansioso por aprender cómo enfrentar los obstáculos del día a día, y lleno de curiosidad por conocer mejor al mundo y a sí mismo. Él le pide ayuda a Jorge, un psicoanalista que aborda el dilema de Demián de manera inusual: cada día le cuenta una historia —previamente revisada y reformada— que ayuda a Demián a vencer sus dudas y encontrar la felicidad. Algunas son fábulas clásicas, otras son narraciones contemporáneas. Todas son historias que nos ayudan a entender nuestros miedos, nuestras relaciones y a nosotros mismos.

Autoayuda

VINTAGE ESPAÑOL
Disponibles en su librería favorita
www.vintageespanol.com